MW01698125

COLECCIÓN Literatura

Pan House
Casa Editorial

Editorial PanHouse
www.editorialpanhouse.com

Edición general:
Jonathan Somoza
Gerencia general:
Paola Morales
Gerencia editorial:
Barbara Carballo
Coordinación editorial:
Miranda Cedillo
Edición de contenido:
Chiara Flores
Corrección editorial:
Carolina Acevedo
Corrección ortotipográfica:
Damarys Tovar
Diseño, portada y diagramación:
Aarón Lares

ISBN: 978-980-437-141-7
Depósito legal: DC2022000887

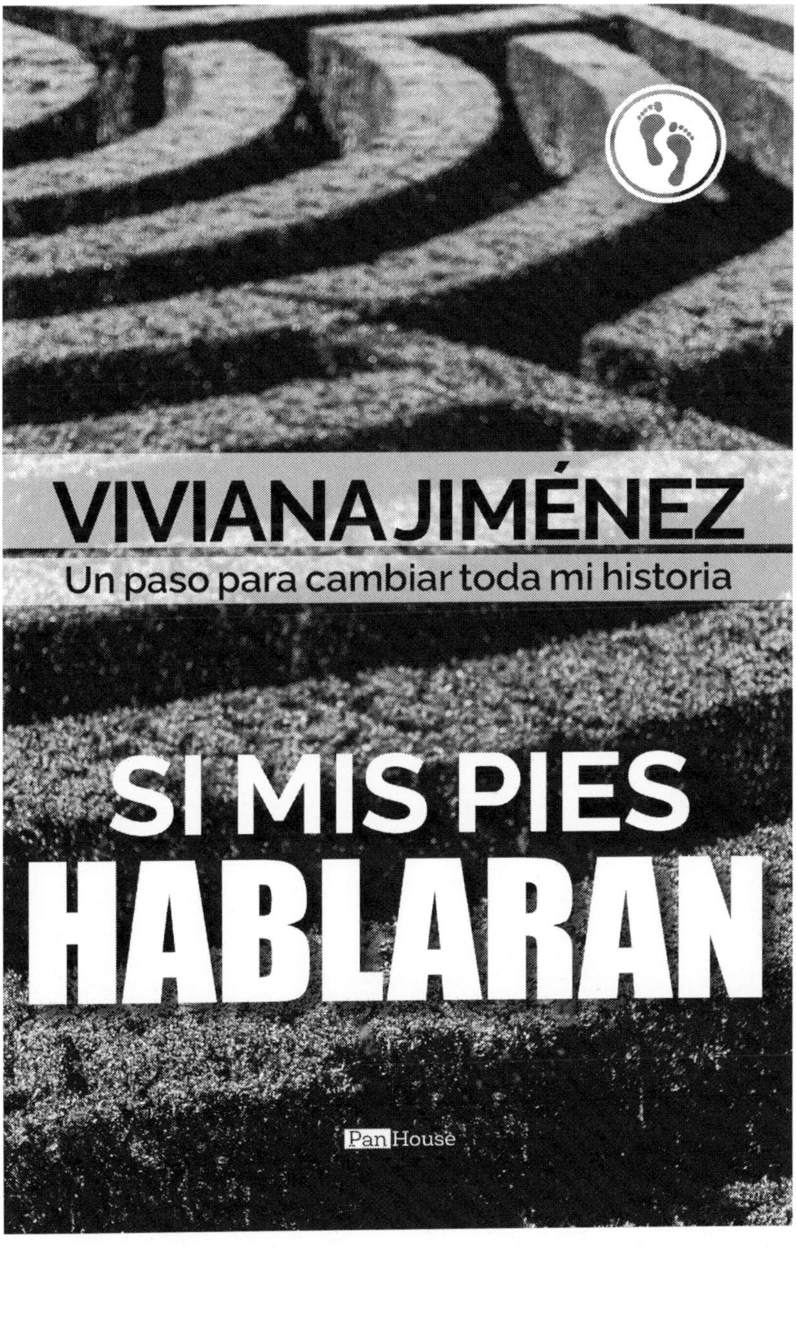
VIVIANA JIMÉNEZ
Un paso para cambiar toda mi historia
SI MIS PIES
HABLARAN
Pan House

ÍNDICE

Dedicado a todas las ovejas negras que cuando decidimos cambiar nos convertimos en diamantes negros.

AGRADECIMIENTOS

Agradezco a D-S por su bendición, amor y misericordia con mi vida.

A mi ángel de la guarda por hablarme de distintas maneras.

A mi esposo, César A. Jiménez, e hijos, Ángel Samuelle y Harrison, que son todo lo valioso de mi vida.

A mi madre, Luz Stella, y abuela, Miriam, por cumplir bien su pacto de almas y formarme fuerte y valiente.

A mis hermanos Harrison, Luis Ángel y Valentina, por enseñarme amar con pureza.

A cada alma que me extendió su mano, que me abrigó y me dio un buen consejo.

SOBRE LA AUTORA

Viviana Jiménez es una mujer colombiana con mucho que contar. Se considera laica, y lejos de profesar un único culto religioso, se declara hija del Eterno, alumna de la tierra y ciudadana universal. Su vida, digna de un relato cinematográfico, es un libro cargado de aprendizaje.

Ella misma reconoce que cometió errores, pero eso no es lo interesante en ella, sino su forma de salir de esos laberintos complejos que ocasionaron sus propias decisiones. Sin embargo, esto va más allá.

Esta extraordinaria mujer considera que la escritura es su mayor terapia, por eso escogió este medio para contar su historia por primera vez. Pero si bien ha decidido compartirla, no desea ser idealizada, sino que su proceso sea entendido como una muestra real de resiliencia.

Viviana es una comunicadora por vocación y por pasión, este libro es un nuevo medio donde desea expresarse, pero desde hace un tiempo dedica palabras de aliento y toca distintos temas en su podcast *Chispas de Luz*, que fue nominado en el 2020 a los premios Latín Podcast Awards. Además, la autora cuenta con un diploma en Negocios de la Rising Tide Capital Community Business Academy, New Jersey, Estados Unidos, que obtuvo en enero del 2021, y con un certificado en Desarrollo Empresarial por la Cámara de Comercio Hispana de South Carolina que recibió en agosto del 2021.

@aguila_envuelo

@aguila_envuelo

www.chispasdeluz.com

COMENTARIOS

Viviana es una buscadora del crecimiento espiritual, es espontánea, carismática, directa. Siempre está en pro de fortalecer y ayudar a salir a otros del pantano en el que se encuentran sumergidos. Ella sigue siendo luz en medio de las tinieblas y a todos nos hace sentir especiales sin importar quien sea.

Alejandra Aguirre Sánchez
Especialista en gerencia tributaria
y auditoria de impuestos

En un lugar violento de mi tierra, Colombia, estallaba una risa como un reguero de vidrios contra el pavimento. Girabas para mirar y allí estaba Anyela Viviana, esa risa ha sido su escudo protector para todas sus vivencias. Se resguarda en ella y le ha ido bien con eso. Con los años se ha convertido en mi gran amiga. No hay nadie que dé mejores consejos, porque salen de sus propios errores. Te sientas a hablar con ella y solo quieres escuchar más, siempre tiene algo que enseñar. Soy mayor que ella, pero siempre le cuento todo y me dejo guiar. Hasta mi mamá dice que Anyela Viviana es una bacana.

Jesús Antonio Cárdenas Cano
Joyero

Anyela Viviana es la mujer que tiene la balanza entre lo racional y lo emocional. Ella brilla hasta con el alma rota. Siempre está en pie de lucha, no se le acaba la batería aunque el mundo lo tenga encima.

Katherine Valencia Misnaza
Maestra de educación infantil

Esta mujer te hace entender el lugar que ocupamos en este plano, con ella se aprende tanto que se abre un entendimiento y un respeto por la vida misma. Te impregna de un conocimiento que te hace ver las cosas diferentes. Ella hace el papel de mamá para muchos. Nos cuida y nos corrige a todos con sus grandes carcajadas.

Janeth Melina Arias Montero
Comerciante

UNA CONVERSACIÓN ESPECIAL

Cuando tienes hijos el mundo cambia, tu visión es distinta y las decisiones que tomas se basan en considerar sus emociones, pensamientos y reacciones. Tu vida ya no es solo tuya, pues vives a través de sus ojitos y quieres cuidar ese campo de visión para que lo malo no los toque, siempre que sea posible, pero llega un momento en que debemos ser sinceros, abrirnos ante ellos, confiar en que entenderán que a veces el mundo es malo y que algunas veces nosotros también.

Mi hijo mayor se acercó a mí mientras estaba lavando un vaso, tranquila, sin pensar en cuestiones profundas. Él me observó detenidamente, levantó su mirada y con mucho respeto me dijo:

—Mamá, ya tengo trece años, creo que ya puedo hacerte preguntas, ¿me responderías sin importar lo que sea?

—Claro, hijo —dije con confianza—, suelta la sopa.

—¿Mamá, la mayoría de las personas han usado drogas?

—Claro, hijo —usé un tono de broma, algo normal en mí.

En realidad, había planeado invitarlo a comer y detallarle asuntos de su crecimiento, pero ¡me tardé!

—¿Má, *really*?, sabes de qué te hablo.

—Sí, hijo, quizás más de la mitad de las personas en alguna ocasión la han usado.

—¿Y tú, mamá?

Sin titubear salió de mí una respuesta afirmativa con fuerza y sin dudas. Los ojos de mi hijo estaban mirando fijamente mi rostro, desconcertado dijo:

—Oh, pero fue una sola vez, mamá —dijo afirmando, pero dudando de si esta era la verdad.

—No, hijo, no fue una sola vez. Quizás meses, fue una temporada.

Sentí un helaje por todo mi cuerpo, pero me prometí no ocultarle nada a mi hijo, así que seguí allí para él y para responder las preguntas que hiciera.

—*Wow*, mamá, qué fuerte eres.

—No, hijo, fui débil. He hecho cosas de las cuales no me siento orgullosa.

—¿Mamá necesitaste alguna fundación? —preguntó refiriéndose al hecho de que consumí drogas por un tiempo.

—No.

—¿Y aún crees que no eres fuerte?, ¿cómo lo lograste?

—Un día desperté y dije: «No más».

—Mamá, es tiempo de que saques tu libro, yo lo voy a comprender. Tú has sido una buena madre.

Me dio un beso y dijo: «Veamos una película».

Mientras, yo estaba casi muerta… pero decidida a contar mi historia.

PREFACIO

LA HONRA QUE HE VIVIDO

La persona que conoce el «por-
qué» de su existencia, podrá so-
portar casi cualquier «cómo».
VIKTOR FRANKL

Quiero aclarar, primero que nada, mi firme creencia acerca de que todo aquello que he experimentado ya estaba incluido en mi vida desde el momento en que decidí llegar a esta dimensión, a este plano terrenal. Incluí a las personas con las que elegí entrenarme en esto que para mí es una universidad, aunque todos le llamamos vida. Por ello, antes de venir, tomé la decisión de inscribirme con mis rectores que son mis abuelos, escogí también a mis maestros, que son mis padres y, por supuesto, a mis compañeros más íntimos, que son mis hermanos.

También seleccioné a los compañeros esporádicos con los que puedo compartir un curso, una licenciatura, un seminario o con los que no voy a estudiar toda la vida, y existen aquellos que, simplemente, van a ocupar solo un puesto, pero que también tienen mucho que enseñar. Todo lo que ha sucedido aquí, en este plano, lo decidí de ese modo, por eso digo que escogí a mis padres, a mis abuelos, elegí lo que yo quería venir a experimentar, todo lo vivido no es más que el conjunto de las materias que inscribí en esta universidad.

Antes de venir a este plano, escogemos, incluso, a los que llamaremos enemigos, también a los envidiosos, a esos que no nos dejan vivir, esa piedra en el zapato. Sí, los escogemos, por ello es importante entender que si esa persona nos hizo la vida imposible, sencillamente cumplió su misión, así lo habíamos decidido. De hecho, ambos nos elegimos, él tenía que aprobar una materia y la inscribió conmigo porque somos el complemento, todos somos uno. Esto funciona tal como cuando la profesora indica que se conformen grupos de dos, tres o más integrantes. Sin duda, todos deben trabajar para aprobar la evaluación que se ha asignado.

Este proceso se da de este modo porque es necesario que nuestra alma aprenda y crezca, es ella la que se inscribe en la universidad de la vida, nuestro cuerpo es solo un vehículo temporal. En cada semestre o en cada vida, contamos con el 40 % de materias nuevas y 60 % de materias reprobadas para llevar a práctica. Como en toda escuela, puedes acumular mucha teoría, pero solo apruebas una vez que demuestres dicha teoría en tu campo de trabajo. Solo así podrás recibir tu diploma.

No soy víctima de nada, todo evento ocurrido ha sido y es necesario para mí. Es por ello que agradezco a todos mis compañeros de vida por cumplir el contrato en su totalidad. He crecido, gracias por formarme, sigo estudiando y especializándome. Espero estar lista para el momento de mi graduación.

Supongo que te preguntarás: «¿Cómo es esto?, ¿acaso nos graduamos?». Sí, claro que sí. La vida es una universidad de la que debemos egresar con honores, es necesario estudiar todas las asignaturas y prepararnos bien para estar listos cuando llegue ese momento en el que nos tenemos que graduar. Pero ¿cuándo ocurre tal evento? Se trata de ese momento en el que abandonamos esta dimensión, por tanto, si no hemos aprobado las materias, debemos volver a cursarlas, claro está, en nuestra próxima vida.

Aunque ya lo debes intuir, en este punto quiero aclarar que creo 100 % en la reencarnación, en que nosotros somos energía, entiendo que nuestra alma nunca muere. Desde esta perspectiva, puedo decir que aquello que no hacemos en esta vida, tendremos que venir a completarlo o repararlo en la próxima, es decir, nos volveremos a inscribir. Pero, esta vez, eligiendo esos cursos pendientes. Algo muy importante que debemos saber, existen deudas que dejamos a los nuestros.

Muchas veces no sabemos el motivo por el cual estamos en esta dimensión, en algunos momentos sentimos que vamos sin rumbo y nos encontramos en un limbo. Sin embargo, esto es algo necesario para subir el nivel y fortalecer el espíritu que abraza a nuestra mente, porque en ella todo se gana o todo se pierde. Afrontamos los exámenes de la vida en la misma medida en la que hemos estudiado.

Ante la vida, solemos pararnos con debilidad, pero cuando decidimos tener los «chocolates» abdominales para el verano, sin dudarlo y de inmediato, nos vamos al *gym*. Allí, el entrenador prepara el régimen adecuado y nos la pone pesada, sin embargo, no nos quejamos, lo cumplimos todo a cabalidad. Del mismo modo sucede cuando queremos perfeccionarnos en algún tema que concierne a nuestra vida.

Difícilmente, vamos a saber cómo superar con éxito ese proceso, si no toleramos día a día su peso. Solo lo lograremos cuando contemos con la fuerza necesaria. Así sucede porque nos cuesta permanecer en silencio y escuchar a nuestra voz interna. Un grave error, porque ella posee todos los grados y puede guiarnos. Por ello creo que todos los seres humanos debemos llegar a un punto en la vida en el que preparemos un buen té, nos alejemos del ruido y tengamos una cita con nosotros mismos.

Se trata de crear un momento en el que nos planteemos preguntas trascendentales como: ¿por qué estoy aquí?, ¿a qué vine?, ¿cuál es mi misión de vida?, ¿qué es lo que debo cumplir?, ¿cuál es mi objetivo?, ¿por qué se repiten situaciones en mi vida sin que yo las haya buscado? Honestamente, creo que no deberíamos salir de esta vida sin, por lo menos, haber cumplido una misión.

Al nacer, lloramos porque nos damos cuenta de nuestra primera realidad. La inscripción fue correcta, por lo tanto, ya matriculados, es hora de hacer nuestro trabajo por cuenta propia. Esto es algo que se lleva a cabo desde el momento en el que nos cortan el cordón umbilical. Es decir, ya estamos aquí, manos a la obra, hora de aprobar nuestro examen.

Ahora piensa en esto: ¿quién desea ir solo a un paseo? Porque también así vemos la vida, como un paseo. Antes de ir a un paseo planificamos todo, dónde nos hospedaremos, qué lugares visitaremos, qué comeremos e incluso, cuántos días estaremos. Venimos con el paquete desde que nacemos. Amar a un bebé es la etapa más sencilla, pero una vez que el niño habla, al adulto le resulta difícil aceptar que su hijo también es su maestro. Sí, padres e hijos somos maestros que nos retroalimentamos.

Nos expresamos muchas veces con entereza y, aun así, los adultos alegan que simplemente no sabemos nada de la vida cuando somos niños. Sin embargo, llegamos a este mundo con mucho conocimiento. Quizás esto se mantiene hasta que cumplimos trece años, justo allí perdemos esa esencia o quizás la minimizamos, porque ya empezamos a enfocarnos en otras cosas, las niñas nos interesamos por los niños, los niños por las niñas, nosotras miramos hacia el maquillaje, ellos apuntan al fútbol o a los carros. En ese momento nos complicamos, pero en realidad, es entonces cuando debemos ejercer el buen uso del libre albedrío, algo que no nos enseñan y, sin embargo, es prioritario.

Lo que quiero compartir contigo, entre otras cosas, es que todo lo que he experimentado es parte de un aprendizaje mayor, pues esta dimensión es una universidad en la que tenemos maestros, profesores y alumnos. Debemos tratar de egresar de ella sin materias pendientes y sin ser víctimas de nuestro propio libreto.

En las próximas páginas te contaré un poco de mi experiencia hasta este momento, así como el aprendizaje que he obtenido. Es natural que te identifiques y estas letras lleguen a retumbar en tus sentidos. Por favor, no odies a mis compañeros, pues ellos ayudaron en mi formación y todo lo ocurrido era necesario. Sin ellos, este libro no hubiese llegado a ti. Por mi parte les deseo a todos lo mejor y los bendigo, logré comprender mi existencia.

Esto y muchas otras cosas me condujeron a lo que considero una salvación, por ello deseo compartirlo contigo, pues todo este proceso ha sido muy positivo para mi vida y no quiero quedarme con ese conocimiento. Todo lo contrario, si mi vida ha cambiado de forma muy positiva, anhelo que tú también experimentes tu propia transformación. Te sorprenderás.

¿Me acompañas? Estoy casi convencida de que no te arrepentirás.

Capítulo 1

APRENDIENDO A CAMINAR: 0 A 9 AÑOS

La infancia es sin duda el terreno sobre el que caminaremos toda nuestra vida. Este terreno está impregnado de todas las sensaciones, emociones y evoluciones que hayamos vivido desde el inicio de nuestra existencia. La infancia es nuestro terreno, y nuestros recuerdos, el pavimento.

Lya Luft

VIVIENDO EN UN MUNDO DE ADULTOS

Aunque los adultos a veces no lo palpamos, nuestro territorio es un caos. Habitamos en un mundo de personas que no saben qué hacer con su vida, se estorban a sí mismas, no tienen claro qué hacer con su propia existencia. Frente a este panorama caótico se encuentran los pequeños, inquietos por naturaleza, en manos de personas adultas. Estas, muchas veces, se encargan de matar la chispa que ese niño trae consigo, sin entender que, por excelencia, es un maestro, aunque con nuestra actitud egocentrista propia de la adultez, los minimizamos e incluso los opacamos.

Obviamos que el mundo sería mucho mejor si hiciéramos contacto con los niños de forma adecuada, permitiéndoles ser ellos mismos. No hacerlos a un lado e integrarlos a la familia, sin cuestionar sus opiniones ni silenciándolos solo porque son niños, con frases como: «¡El adulto aquí soy yo, silencio! ¡Qué vas a saber y opinar si eres un niño!».

En realidad, se trata de un integrante de la familia, no de una mascota e incluso llegamos a tratarlas mejor a ellas. La verdad es que nosotros debemos tener como prioridad cuidar la salud mental de los niños, es una responsabilidad. Es necesario que recordemos de forma constante que nuestros hijos no son nuestros, simplemente estamos destinados a formarlos, somos entrenadores, profesores, pero en realidad, ellos no son nuestros. ¿Cómo podemos tratarlos mal? ¿Por qué creemos tener derecho de posesión sobre nuestros hijos? Si tratamos bien al hijo del vecino, con mayor razón debemos hacerlo con nuestros hijos, pero no siempre es así, lamentablemente no funciona así. Quizás debemos volver a nuestra infancia, a nuestra propia experiencia.

LOS NIÑOS NO OPINAN

En mi caso, cuando pienso en mi infancia, recuerdo un silencio absoluto, nadie podía hablar. Mi mamá, mejor conocida como doña Luz, era como el hombre de la casa. Si recurrimos a esos roles tradicionales, siempre estaba trabajando y ocupándose de lo monetario, mientras mi abuelita era prácticamente la figura materna, era ella quien se encargaba del hogar y de llevarnos al colegio. Nosotros vivíamos en una casita muy humilde, lo que en mi país llamaríamos un «ranchito». Las paredes y el techo eran de esterilla y cartón. Mi mamá compraba plásticos para cubrir el toldillo de la cama donde dormíamos. Y es que llovía más adentro que afuera.

No había estufa, sino un fogón Esso Candela al que nos tenían prohibido acercarnos, debido al petróleo. Tampoco había agua potable, teníamos tarros para, cuando llegara el carro con agua, llenarlos. Al entrar, uno se encontraba con un patio grande en el que vivía un perro cuyo nombre era Pintado. Este animalito se caracterizaba por tener un ojo café y otro azul. Él nos defendía de mi mamá, apenas ella sacaba la correa, nosotros gritábamos y el perro estaba allí enseguida.

Mi abuela Miriam también criaba gallinas. Recuerdo que mi hermano no comía cuando las mataban para cocinarlas y me decía que yo era muy cruel por comerme una mascota. Además, mi abuela siempre ha tenido plantas. En cuanto a las habitaciones, eran tres piezas, dos cuartos, la cocina y el baño. Todo esto era de esterilla y las paredes de cartón. Mi hermano dormía con mi mamá y yo con mi abuelita.

Mi infancia fue muy bonita, en medio de todo. Cuando llovía ir al colegio significaba una aventura extrema. No teníamos botas pantaneras, así que mi abuela nos colocaba bolsas de plástico en los zapatos. De esta manera los protegía, pues estaban muy lustrados y, además, las medias eran de un blanco perfecto.

Algo que recuerdo es que siempre me hicieron *bullying* por el cabello, de hecho, no había un momento en el que yo pudiera estar tranquila, ni siquiera dentro de mi casa, pues mi hermano era constante con las burlas hacia mí. Cuando salía a la tienda, también ocurría con los niños del barrio y si iba a la escuela, mis compañeros se encargaban. A donde fuera, siempre se burlaban de mí debido a mi cabello. Prácticamente yo llegaba a un lugar y era como si hubiese llegado el payaso. Nunca nadie se preguntó cómo me sentía al ver a otras niñas con su cabello «normal» mientras el mío, rebelde, siempre estaba mirando al cielo. Por esto nunca me sentí segura al salir de casa.

Toda esta situación fue muy frustrante para mí porque nunca importan las emociones de los niños como debería. Pero claro, son muy pequeños y no tienen problemas, no tienen nada de que preocuparse y, lo más doloroso, no se le presta la debida atención a eso. Esto siempre formaba parte de mi vivir diario. Los niños sufrimos de estrés, y más cuando acechan las burlas. Además, en ese mismo escenario, mi hermano y yo no podíamos opinar, tampoco hacer ruido porque los adultos vivían en medio de mucho estrés. Para los mayores era complicado escuchar a un niño siendo niño, sobre todo, cuando alguien tiene sus demonios internos a furor.

Las condiciones no eran las adecuadas, todo lo contrario, había mucha carencia, pero eso sí, nunca nos acostamos con hambre, mi mamá siempre hizo todo lo posible por llevarnos a la cama con un agua de panela y una arepa en el estómago. Ella siempre estaba en ese sentido, en lo económico, pero presencialmente no. Cuando estaba en casa, se encontraba durmiendo, algo lógico, porque de verdad trabajaba mucho, sobre ella recaía la responsabilidad de todo.

LA SOLEDAD ANTE UN MUNDO SIN EXPLICACIONES

Mi niñez consistió en crecer en medio de un mundo silenciado, algo difícil para mí, que quería hablar tanto. Me gusta preguntar, tener respuestas concretas y, aunque las reciba, nunca me quedo allí, siempre investigo todo y formo mi propio criterio. Es normal que los niños pregunten muchas veces y en distintos contextos «por qué», quizás por eso soy tan conversadora hoy en día.

Los adultos siempre muestran que saben lo que tienen que hacer, que son expertos, pero en realidad, todos estamos improvisando. La verdad es que nos encontramos llenos de temores, aunque tratemos de disimularlo y no lo reconozcamos. Es así como tiramos por la borda esa potencia de la vida que son los niños. La soledad se instala en la vida de quien no es escuchado y luego, al crecer, sentimos que nos falta algo. En algunos momentos se apodera de nosotros un vacío existencial, algo falta por llenar.

El mundo de los niños es muy difícil, pues ellos traen muchas cosas consigo. Su mundo es increíble y maravilloso, de hecho, todos venimos con una maleta llena de talentos, dones y chispa. En esa etapa somos asombrosos, vemos cosas que los adultos no pueden ver. Los niños cuentan con mucha sabiduría y luz que los mayores no pueden notar. Por ello, ante la actitud de los adultos, simplemente silencian todo eso que, en realidad, quisieran compartir.

Es muy complicado para los pequeños vivir bajo este régimen. De hecho, ellos, así pequeñitos, entienden todo, tanto, que un niño es como un gato, sus sentidos son poderosos. Todo esto lo sé porque también fui niña, tal como tú, que lees esto. Haz este sencillo ejercicio, recuerda aquella época de tu infancia.

Por ejemplo, yo tengo recuerdos de los vestidos, de los colores, de la comida, incluso de los sabores, y es que cuando me siento a conversar con mi mamá le digo cosas como: «Ese día yo estaba vestida de ese modo». Sé que tengo muy buena memoria, eso ha jugado a mi favor, pero también en contra.

Me vestía con la ropa que me daba mi prima Claudia, jugaba con las Barbies que me obsequiaba mi prima Carolina. Incluso Johana, la hija de la señora Cristhina, también me regalaba estas muñecas. Por supuesto, mi mamá no nos podía proporcionar ropa con frecuencia, pero en diciembre siempre nos compraba seis atuendos distintos. Sin embargo, los regalos más valiosos para mí eran las enciclopedias. Afortunadamente, mi mamá nos compraba muchos libros de todo tipo.

Por otro lado, siempre nos inculcó a mi hermano y a mí que debíamos ser muy unidos, que solo estábamos los dos y teníamos que luchar juntos como equipo. Creo que eso contribuyó al momento de crecer, nos enseñó la lealtad familiar, y eso es bueno, pero también te puede dañar. Porque esa lealtad, en nombre de la familia, te puede llevar a cometer grandes errores en tu vida, como olvidarte de ti para vivir en absoluta dependencia.

EL PRIMER AMOR

Sin duda, nuestras madres son el primer amor, pero hoy comprendo que nadie da lo que no ha recibido, porque una persona que ha atravesado por una situación así, no conoce lo que significa dar amor. La primera escuela es nuestra casa, mamá y papá, o mamá soltera, o los hermanos. En el caso de mi madre, sé que ella no lo aprendió.

En el de mi abuela, debo decir que ella es huérfana y le fue muy mal en la vida, tal como ella misma dice. Aunque pienso que le fue muy bien, sin embargo, ella decidió permitir que su mente se quedara estancada y no evolucionó. No la critico, fue su decisión quedarse así, y va a tener que volver a empezar de cero, eso es más difícil. No puedo negar que tengo recuerdos de mi abuela golpeando a mi mamá porque se separó de mi abuelo, el Grande, y no aceptaba que su hija quisiera a mi abuelo, su padre.

Sé lo complejo de aquella situación, se trataba de una mujer muy joven, de 22 años, con dos hijos, sin estudios, sosteniendo una casa entera, y fui testigo de cómo mi abuela le decía que ella era la que tenía que trabajar porque nos tenía a nosotros. Vi cómo mi mamá trabajaba a sol y agua, mientras tanto mi tío, su hermano, estaba acostado en la cama. Sí, no puedo evitar sonreír, pues a su vez mi mamá aprendió bien eso. La historia se repite. Alguien tiene que llegar a romper con eso.

Mi madre tampoco tenía como prioridad darnos amor y como muchos padres, solo se enfrascaba en dar comida y proveer lo material, pero eso realmente es una responsabilidad. Tenemos que aprender los conceptos. En realidad, el deber de los padres es dar amor a los hijos y guiarlos, porque todo lo que es comida, ropa o educación es una responsabilidad que tienen terrenalmente, obviamos que cuando decidimos tener un hijo, la misión real es formarlo.

Muchas veces los padres no tomamos en cuenta estos elementos porque estamos estudiando solo lo material, no entendemos que, en realidad, nuestros niños solo piensan que de lo que carecen es de los padres. Yo misma experimenté esa carencia en mi infancia, mi madre nunca se encontraba presente porque estaba trabajando, me faltaba ella, con quien no jugaba y que estaba ocupada, me faltaba ella porque no íbamos al parque, porque estaba cansada, me faltaba ella porque mis amigos iban con sus padres al colegio a las reuniones y yo iba con mi abuela, algo que para mí no era desagradable, pero como niños somos observadores.

Honestamente no tengo recuerdos de haber salido con mi mamá de forma frecuente. Por eso, atesoro en mi mente los paseos al río. Esos momentos eran muy especiales porque ella estaba con nosotros todo el día. Cuando hacíamos esto, ella madrugaba a cocinar y nos íbamos cantando hasta la parada del bus que nos llevaba hasta el río Pance o la zona de La Vorágine, disfrutábamos mucho. También recuerdo los sabores y la forma adecuada de servir los postres de gelatina que nos hacía en sus refractarias, muy deliciosos.

CONOCER LA HISTORIA FAMILIAR DE LA ABUELA Y LA MADRE PARA ENTENDERNOS A NOSOTROS MISMOS

Es muy importante conocer la historia de la abuela, en realidad de las generaciones que nos preceden, para poder sanar a partir del entendimiento de ella y así no juzgarla. Es necesario conocerla, ¿qué era eso que quería hacer y no hizo?, ¿cuáles fueron sus sueños?, ¿cómo fue su vida?

Así he abordado a mi abuela, los últimos tiempos hemos hablado y he ido entendiendo. ¿Cómo mi mamá va a decir: «te quiero», si ya tiene 59 años y hasta el momento no ha recibido un «te quiero» de mi abuela, si aún la agrede de alguna manera y todavía le controla la vida? ¿Cómo puedo recibir un abrazo de mi mamá si ella no lo recibió de su madre? Luego de analizar e ir conversando con mi abuela comprendo que mi mamá no sabe dar abrazos, siempre se ha concentrado en dar comida, ese es el amor para ella porque así lo aprendió.

Frente a esta realidad, he aprendido mucho, pero también tengo claro que los seres humanos no contamos con un manual para los roles de la vida, ni para ser padres, ni para llevar nuestra propia vida, por ello todos tenemos que estudiar de dónde venimos, porque arrastramos muchas generaciones. Vemos cómo muchas personas llegan a sufrir de depresión, sin saber por qué, ignorando que arrastran saldos anteriores, vienen con deudas del abuelo, del bisabuelo.

Es necesario comprender eso, porque si no continuaremos en mora, esas deudas nunca dejan de mandar a sus cobradores. De esos llegaron muchos, te contaré más adelante, pero en este punto puedo decir que terminé pagando una deuda ajena, una que está presente en mi linaje, la llevo en mi sangre, en mi ADN. Esta es la república a la que pertenezco, el único lugar al que siempre podemos regresar.

Tenía una relación maravillosa con mi abuelo el Grande, él sabía lo que yo hacía, nunca me juzgaba, siempre hablábamos de ángeles, arcángeles, numerología, de muchos temas que nunca he tratado con nadie. Él siempre llegaba a las 6:00 a. m. con una bolsa de pan, una de leche, un paquete de harina, huevos y café. Siempre se sentaba y me decía: «Mija, haga café». Luego nos poníamos a hablar de todo.

Le tenía muchísima confianza. Una vez, estaba cansada de la situación en casa y le dije a mi abuelo que mi mamá era una alcahueta. Por supuesto, quizás fue un atrevimiento. Él era un hombre moreno, muy alto y pensé que me golpearía. Sin embargo, respiró profundo y me respondió mencionando el nombre de mi abuela: «misia Miriam». En ese momento no entendí esa corta frase, pero luego, cuando llevé a cabo ese proceso de investigación y hablé con ella, entendí aquello de «misia Miriam». Mi abuelo hablaba utilizando muchas parábolas, algo que aparentemente heredé.

Luego de haber compartido contigo esa experiencia y explicarte un poco mi proceso en este sentido, puedo decirte que si quieres entender a tu mamá, debes hacer las preguntas a tu abuela. En el caso de mi abuela, considero que todavía es muy infantil, tiene 80 años y aún expresa el odio que habita en su corazón por la mujer con la que vivió su papá. Es un alma que no ha crecido, con esto me refiero a que existen almas que habitan en personas muy jóvenes y nos parecen muy maduras, y viceversa.

Insisto en que para descubrir estos detalles que nos involucran, aunque no pareciera, nosotros debemos, algún día, sentarnos a tardear con nuestra abuela. Hice lo propio durante períodos de unas dos, tres, cuatro horas diarias por un lapso de cinco meses. Pero no quedó allí, sigo hablando con ella todos los días, si bien la primera fase de mi tarea fue esa, y así, a partir de ese momento, entendí a mi mamá, entonces la llamé, le pedí perdón y, de forma sorprendente, ella me dijo: «Estaba a punto de llamarte para pedirte también perdón». ¿Qué quería decir aquello? Que las cosas estaban conectadas ese día, había dado el paso para sanar mi linaje. Sin temor a equivocarme, puedo afirmar que es muy bonito sanar a través de la abuela que, al fin y al cabo, es la «monarca».

CADA FAMILIA ES UNA REPÚBLICA, PERO LOS HIJOS DEBEN CREAR SINDICATOS PARA SANAR

Algo muy importante que debemos comprender es que investigamos la vida de los nuestros no para juzgarlos, sino para entenderlos y para no cometer los mismos errores como persona, como ser humano individual, como novia, como esposa, como mujer, como madre, como tía, etc. Se trata de aprender a ser más empáticos, entender y respetar la vida del otro, porque creo que la familia es una república, como tal actúan, la premisa es la misma: «Todo lo nuestro es bueno, pero todo lo de los demás vamos a publicarlo en el noticiero». Así se comportan, lamentablemente, hablan y hablan de los demás miembros, mientras estos no tienen idea de cómo se encuentran sus hijos, por ejemplo, todo se limita a que uno siempre es el malo.

Un buen día, mi mamá se fue con mi hermano. Esto ocasionó que me sintiera abandonada y excluida. Ella no volvió, así que le preguntaba a mi abuela por mi mamá, pero no me decía nada. La casa en la que mi mamá vivía con su pareja; que es la persona a la que llamo papá, después de que salimos de la invasión; tiene cinco habitaciones, dos baños, sala, comedor, patio y antejardín. No era descabellado que todas las fiestas se hicieran allá, pero era exagerado, alguien podía salir a la 1:00 a. m. de una discoteca e ir a rematar a la casa, mi papá y mi mamá los recibían, el equipo de sonido se encendía y se escuchaban las patas giratorias del armario de los CD y colocaban música. Allí no había privacidad, tampoco espacio propio de ninguna manera, y puedo decir que eso fue fatídico.

Erramos cuando al niño no se le escucha, no se le da un lugar y al adolescente se le excluye y arrincona, eso se vuelve una semilla que va creciendo dentro del alma del ser humano, por eso tenemos tanta depresión y enfermedades mentales, pero nadie sabe qué hacer con estos vacíos y crisis existenciales debido a que nunca se llenó el alma con lo que verdaderamente se tenía que nutrir: el amor, el apoyo, la compañía, los juegos. Muy pocas personas hablan de esto. La verdad es que crecimos en ambientes donde escuchar un grito era lo mínimo, porque lo máximo eran las bromas ante lo que manifestábamos. Lo que vemos entonces es una sociedad que calla y se cree un roble, pero la verdad es que un mínimo viento nos eleva.

Al niño le encanta jugar con sus padres, que le hagan cosquillas, que le preparen su postre favorito, sentarse a ver una película, dormir con ellos. Sin embargo, eso es algo que muchos no reciben en la infancia, y así llegan a la adolescencia. A las niñas, apenas se les acerca un niño, se limitan a reprocharle: «¡Mucho cuidado no vaya a salir preñada!». ¿Cómo puede crecer un ser humano así?, ¿con qué valores y con qué fuerza? Crecemos sin seguridad, luego vemos a muchas mujeres que viven en medio de la violencia doméstica, sin saber cómo salir de ella, y suavizan la actitud de su pareja pensando que cambiará. Todos desde afuera la juzgamos y pensamos que le gusta el maltrato. Pero ¿cómo se le dice a la mujer que soporta los maltratos de su pareja, que salga de allí, si esa es la única manera que conoce de vivir porque así lo ha hecho desde que estaba en su casa? Su mente está programada para funcionar así, hay que desprogramarla y eso toma tiempo y paciencia con uno mismo.

Quizás algunos somos más rebeldes y no permitimos ese maltrato, pero hay almas pasivas cuyo espíritu ha sido arrinconado, y justo es el espíritu el que nos ayuda a salir adelante. Por ello, si crecemos sin bases dentro del núcleo del hogar, si existe desorden dentro de ella, estamos expuestos y somos más vulnerables. Cuando el ser humano edifica una casa y quiere colocarle tres plantas, debe poner unos buenos cimientos, unos buenos hierros en la estructura para poder construir la planta o hacer un edificio. Cuando somos niños no tenemos esas columnas o están muy débiles y no se fortalecen, así que no me sorprende que en la actualidad seamos testigos de muchos suicidios, de calles llenas de gente con adicciones, del alcoholismo tomando la vida de las personas, de cómo hay tantas trabajadoras sexuales. Esto incluye a las que no están dentro de un bar, pero si tienen desórdenes sexuales, realmente no se necesita estar en un bar para ser una de ellas. No debe olvidarse que incluso una prostituta está trabajando.

Vemos calles llenas de niños heridos, son ojos que hablan, miradas lejanas, de hecho, si uno se sienta a hablar con ellos, no es de extrañar que te sorprenda. En la calle no hay basura realmente. Sí, existe de todo un poco, pero hay mucho que apoyar y recuperar a través de una gran y necesaria empatía.

Ciertamente tuve la capacidad de salir de las drogas porque las probé cuando ya era grande, pero si un niño, cuyo cerebro no es tan fuerte, cae en las garras de este vicio, se queda allí porque alimentó su cerebro de eso y le resultará muy difícil salir de ese abismo.

Esta es la universidad de la vida, no significa que sea sencilla o que solo por pagar matrícula garantizamos nuestra formación, aquí se sufre y se goza. Además, no se toma en cuenta que reparar adultos no lleva ni un segundo ni un minuto, toma mucho tiempo y se necesita mucho valor.

En medio de esta república, que es la familia, tiene que llegar alguien cansado de que todo permanezca igual. Una república no puede funcionar solo por tener normas bien instituidas y estipuladas durante años, pero con todos sus miembros en mal estado. De este modo surge el sindicato, uno de ellos debe ser firme y declarar: «Usted puede ser el presidente de esta república, pero esto no va así».

SINDICATO

En mi experiencia no se trataba de que todo saliera a mi favor, sino que la idea era que cada uno de los miembros sanara y llevara a cabo su propio proceso, porque no lo puedo hacer por nadie más. Si tienes una infección, yo no me puedo tomar un antibiótico en tu lugar. Sí, yo puedo orar por ti, pero por más que llores, si no tienes voluntad y disciplina, entonces ahí no hay nada que hacer, porque no puedo hacer más por ti que tú mismo.

Esos fueron los principios que me llevaron a establecer ese sindicato en mi república y que me ha funcionado en un 60 %. Sí, todavía falta mucho porque cada uno tiene sus situaciones, incluyéndome, pero en comparación de cómo estábamos antes, que era horrible, las cosas sí han mejorado un poco. ¿Qué ejemplo somos? Es necesario recordar que no podemos darlo si no tenemos una introspección previa.

Cuando se daban reuniones familiares, mi mamá, si asistía, acostumbraba bailar, pero cuando vivía con mi papá, no solo se trataba de esto, sino que también bebía alcohol. Ambos llegaban a estar tomados, dejando la casa a merced de gente irrespetuosa. Yo no entendía muchas cosas de la vida adulta. Por ejemplo, cuando vivíamos en casa de mi abuela, no me dejaban salir debido al peligro, pero mi abuela se sentaba a tomar con sus hermanas y la situación degeneraba en discusiones.

Esto ocurría porque ellas pasaron la página menos mi abuela. En medio de esas discusiones, nos hacían salir a altas horas de la noche, caminando, hasta llegar a la casa. Entonces no comprendía cómo ahí no había peligro. Igual pasaba en la casa de mis padres, lo olvidaban frente a este tipo de situaciones, pero si yo deseaba salir, sí existía.

Era tanto el desorden, que crecí queriendo la gente, pero también queriéndola de lejos. No permito que nadie venga a mi casa y se comporte de esa manera, por ello, dejo entrar a muy poca gente, pues tengo claro que mi casa es un templo y sé que mis hijos se pueden perder en ella como yo me perdí en la mía. Es decir, trato de dar un buen ejemplo, porque sí, es importante, de hecho, el ambiente en mi casa es totalmente opuesto a lo que experimenté en casa de mis padres, y aclaro que también estoy lejos de ser perfecta.

Volviendo a la idea del sindicato, en realidad, pensé en su conformación, sin saberlo claramente, desde el momento en el que observé el irrespeto en casa, cuando vi que mi mamá abría la puerta para que cualquiera que entrara, armara su fiesta. Fui testigo, en mi casa, de cómo gente extraña tenía sexo en un lugar que no era suyo y donde, además, había niños. ¿Qué clase de gente dejó entrar a su casa?, ¿qué clase de familia es esa que sabe que allí hay un niño y lo irrespetan de esa manera?

Situaciones como esta me hicieron rebelde en gran medida, en realidad no lo era, vivía en protesta constante y lo manifestaba como fuera. Una vez mi mamá me golpeó, siempre me botaba de la casa, en esa ocasión no fue la excepción, ella nos decía palabras brutales, afirmaba que no quería tener hijas, sentía su rechazo y ahora lo entiendo con mayor claridad.

Cuando finalmente salí de allí, sentí que me liberaba de muchas cosas. Por ello insisto en la idea de que todos los seres humanos deberíamos conformar un sindicato en nuestra república. ¿Cómo es posible que luego de tantos años viviendo con base en «buenas» reglas, ninguno de estos miembros de mi familia sea universitario ni tenga un negocio constituido? Las reglas no bastan para que sus miembros sean felices, sanos o exitosos.

Todos en la vida tenemos que llegar al momento en el que nos cansemos de esa república y sus reglas, todos deberíamos tener ese espíritu revolucionario para cambiar las cosas. Alguien tiene que desenredar esa planta de maracuyá, no puede ser admisible que deseemos prolongar nuestros dolores a través de nuestra descendencia.

El proceso de sanación, te quiebra, vuelve casi añicos todo a tu alrededor; sin darnos cuenta, en medio de esto se daña a mucha gente. Sanar duele, y no solo a quien está en medio del proceso, sino a quienes le rodean. Por ello, romantizar estos procesos puede decantar en una visión positiva tóxica. No siempre podemos con todo, no siempre tenemos ánimos y eso no significa que no estemos en sintonía con la idea primaria de sanar. Debemos ser nosotros, permitirnos ser humanos, y es que somos humanos, un día puedo llorar, eso no me hace débil. Esto es importante, soy honesta contigo que lees esto y con todos, te comparto mi experiencia, soy humana y puedo llorar, así como dar un consejo, al fin y al cabo, los médicos que salvan vidas también mueren.

¿PASAMOS TODA LA VIDA SANANDO?

No, así te lo respondería de forma enfática si tú me estuvieses preguntando esto directamente. ¿Por qué? Simple, no podemos pasar toda la vida sanando, tiene que llegar un momento en el que uno se desencante. Debemos tomar en cuenta que existen personas que se enamoran del proceso y no quieren soltarlo. Solo por llamar la atención, se victimizan y eso puede ser muy peligroso. Es simple, el consumo en exceso de antibióticos daña el hígado, por ello es completamente necesario cortar la sanación. Para poder crecer, debemos hacerlo, toma en cuenta que la sanación tiene un límite.

Encontramos allí un juego mental que puede causar daño, tenemos que ser muy fuertes para poder salir adelante, sin importar lo que digan quienes durante años te piden que salgas de dónde has caído. Pero cuando lo haces critican tu cambio y, por lo general, viene de parte de la misma familia. Debemos estar preparados para ello, pero ¿qué hacemos con estos noticieros a los que les encanta publicar todo acerca de los demás? Pues los encaramos con la mente fuerte, porque insisto, todo se gana y se pierde en la mente, y si estamos fuertes, lo que viene después de sanar es confrontar. Si tú sanaste, probablemente tendrás que lidiar con pseudocobradores que buscan quebrar lo que has alcanzado.

Pero no solo se trata de otros, cuando decides salir de todo eso, enfrentas una lucha interna, tu mente va a tratar de recriminarte y de señalarte, no debes escuchar ninguna de esas voces, a esto me refiero cuando digo que es muy importante silenciar las voces externas, porque si te quedas en ese pasado, en el «yo hice», estarás cometiendo un error, piensa en tu avance, piensa que eres una nueva persona y nadie puede venir a fastidiar. Así funciona la república, es así de sencillo.

EVOLUCIONANDO, MOLDEÁNDONOS Y APRENDIENDO A NO MIRAR LA VIDA SIEMPRE IGUAL

Mi mamá hizo lo que pudo con lo que tenía, esto es algo muy importante y valorado para mí, fue muy valiente en sacar adelante a dos hijos, siendo madre soltera, con una mamá que también traía sus deudas, pero a pesar de eso, la apoyó con los recursos que contaba y teníamos un techo, así la casa se estuviera cayendo y nos mojáramos. Antepuso su deber material, trabajaba muchísimo y eso tampoco lleva a una vida agradable, no fue fácil para ella. Mi abuela ha sido un apoyo, ha estado allí a su manera.

Hoy en día reconozco, con agradecimiento y entendiendo las razones, que si yo no tuviera esta historia no me podría parar frente a una o mil personas y decirles con base, poder y fundamento que sí se puede. Me siento muy orgullosa de mí misma, de mi historia, del conocimiento y la experiencia adquirida. Esto me ayudó a mí y a otras personas, además, de saber desenvolverme en la vida y enfrentar la sociedad que puede convertirse en suciedad, juzgando y señalando lo que haces a la luz del día. Pero les recuerdo que bajo el techo de los puentes también vive gente… Sí, da risa.

No olvido que mi abuelo me recordó quién soy y de dónde vengo: «Mire quién soy yo, soy negro mija, usted es negra». Ese día me dio identidad. Soy Anyela Viviana y le agradezco a mi abuelo por haberme enseñado a burlarme de mí misma por mi cabello y sobre todo a no dejarme señalar de nadie, cuando me dijo que yo seguía siendo niña, hasta que la barriga se me notara, y que debía identificar con quién hablar abiertamente de mi vida o esperar a que mi libro esté publicado. Ahora que aprendimos juntos a dar los primeros pasos, es momento de pasar a la adolescencia, una etapa complicada, pero llena de conocimiento para ti y para mí.

Hasta el próximo capítulo.

Capítulo 2

LA DUALIDAD DEL CAMINO: 10 A 15 AÑOS

A los catorce años no necesitas enfermedad o muerte para la tragedia.

Jessamyn West

La niñez, sin duda, es una etapa caracterizada por los descubrimientos que hacemos los seres humanos a medida que vamos creciendo. El mundo, con millones de años a cuestas, nos resulta novedoso, todo es completamente innovador, pero desde una perspectiva muy ingenua. Sin embargo, no tener un espacio apropiado, por ejemplo, impide que los niños desconozcan cómo poner límites, lo que los llevará a convertirse en adultos con muchos conflictos a cuestas.

Además, un discurso inadecuado por parte de los padres, quienes son responsables y representan la seguridad en este momento crucial, y un ambiente hostil en casa, se sumarán a la configuración de un adulto inmerso en las disfuncionalidades que lo formaron. En algún punto se encontrará en una encrucijada, deberá tomar una decisión. Si se decanta por la sanación, tendrá que enfrentar el proceso de una forma adecuada.

Todo esto, y más, lo experimenté en carne propia, mi testimonio es una prueba de esto, por lo que deseo compartirlo contigo. ¿Por qué? Principalmente por dos razones. Primero, porque de nuevo quiero demostrar que sí es posible superar ese proceso y mirar por el retrovisor a nuestra infancia, resulta necesario para ello. Segundo, porque me interesa concientizar cuán influyentes podemos ser en la vida de nuestros niños.

MARROQUÍN, APRENDER A SER DIFERENTE EN UN MUNDO QUE TE JUZGA

No lo voy a negar, diferenciarme ha significado un proceso complejo, creo que aprendí a hacerlo porque al ser criada junto a mi hermano en el contexto de precariedad, posiblemente y con algo de razón, mi mamá nos fue limitando, no le gustaban ciertas cuestiones y nos lo advertía. Por ejemplo, nos decía que no saliéramos, que no tuviéramos amistades allí, pues desde su perspectiva, tras las paredes de nuestra casa se hallaba todo lo malo, era otro lugar distinto que tenía muchas cosas negativas, así que nosotros solo podíamos estar bien en casa.

En este sentido las reglas estaban claras, nos acostaba a dormir a las 6:00 p. m. mientras escuchábamos los gritos de niños y jóvenes jugando. Siempre que podía, mi mamá nos llevaba a La Octava. En aquel momento no nos alcanzaba para pagar el pasaje del bus, por eso usábamos *jeep*, pues el costo era más económico. Íbamos donde estaba una virgen y rezábamos, luego nos llevaban a comer helado. Honestamente yo iba incentivada por dos razones: el helado y el tiempo con mi mamá. Esos momentos a su lado eran invaluables. Por otro lado, nunca sentí afinidad con la estatua de la virgen.

En casa era normal que se dieran reuniones para comer y tomar alcohol. Lamentablemente, eso terminaba en peleas entre mi abuela y sus hermanas. Esto ocurría independientemente del lugar, daba igual si se trataba de la casa de una de sus hermanas o su hermano. Cuando salíamos de alguna casa ajena, caminábamos muchas cuadras y a altas horas de la noche para llegar a la casa. Sin embargo, a juicio de ellos, ahí no existía peligro alguno. Si, por el contrario, compartían en la casa, entonces mi abuela terminaba agrediendo a mi mamá, que en aquel entonces era muy joven y pensaba siempre en tenernos seguros bajo un techo. Esta era la razón por la que ella no se iba, deseaba brindarnos estabilidad.

Aunque mi hermano y yo siempre notamos que ella deseaba irse de allí, podíamos ver la tristeza en sus ojos. Así, un día, mientras jugábamos bolas, hicimos un pacto, juramos comprarle una casa a mi mamá, sin importar lo que tuviéramos que hacer. Lo mejor que le puede brindar una madre o un padre a sus hijos es un techo, entonces, ¿por qué no viceversa? Es la felicidad propia, porque eso afecta emocionalmente a un hijo, somos niños, de forma genuina queremos que mamá y papá sean felices, creo que allí empiezan a enseñarnos las bases del amor propio. Mi hermano y yo llegamos a sentirnos culpables de que mamá no pudiera salir de allí y ser feliz, debido a que siempre pensaba en nosotros... Y a ustedes, adultos, les digo por experiencia propia, los peques también piensan en ustedes.

Bajo la presión con la que vivía nos repetía que debíamos tomarle amor al estudio y ser los mejores, así que la escuchábamos y éramos buenos estudiantes. Mi hermano era una pepa para el estudio, era muy muy piloso. A mí me gustaba mucho la lectura, escribir, leer, investigar y el trabajo social. Por cierto, fui muchas veces monitora y llegué a izar la bandera, un honor que se concede a los buenos estudiantes. Una vez gané una medalla que nunca tuve en mis manos.

Mi mamá fue por el boletín de calificaciones y cuando llegó, me mostró la mención de honor y me dijo que me habían dado una medalla, pero que una niña empezó a llorar por no haberla obtenido. A ella le dio pesar y entonces se la regaló. Cargué con este dolor hasta el año 2012, cuando estábamos en una playa de Ecuador y llegamos a ese tema. Recuerdo que no lloró una mujer, sino la niña de diez años. Me dolió muchísimo que mi mamá me exigiera tanto, que yo le cumpliera y así, sin más, regalara mi esfuerzo. Era mi premio, lo había ganado a pulso y me lo merecía. Sin duda eso produjo grietas…

TÍA FABIOLA, UN VÍNCULO FORJADO

No teníamos televisión y nos humillaban de forma constante cuando queríamos ver algún programa en otra casa, lo intentábamos solo asomándonos por la ventana o desde la puerta, pero los vecinos corrían las cortinas y cerraban las puertas. En aquella época, mi mamá había conseguido empleo de recepcionista en un hotel.

Un día llegó llorando al trabajo porque queríamos ver *El Chavo* y ocurrió lo de siempre, nos habían cerrado la puerta para que no pudiéramos hacerlo. Podía parecer banal, pero se trataba de un desahogo necesario para un niño.

Cuando la hija de la dueña de ese hotel la vio llorar y supo las razones, le dijo que su mamá estaba de viaje, que le podía decir que le trajera un televisor y se lo descontaría del salario, ofreciendo una solución y demostrando empatía por la situación de ella. Así fue, de hecho, el televisor aún existe y lo tengo yo.

En algún punto, la hija de la dueña de ese hotel le dijo a mi mamá que quería conocerme. Esta curiosidad se despertó debido a una llamada que recibió de parte de mi abuela por una queja del colegio, y por haberle jalado el cabello a la niña que vivía en la casa del frente. Esas anécdotas le despertaron curiosidad a la hija de la jefa de mi mamá, a la que llamo con convicción tía Fabiola, ella es mi tía universal e infinita. Efectivamente me conoció, y justo cuando estaba en medio de una pelea. Siempre defendí a mi hermano, lo molestaban y se quedaba quieto, pero yo no, tenía que defenderlo. Ese día mi tía me abrazó, me sonrió muy emocionada y dijo que quería tener una hija como yo.

TÍA ROSALBA, SALIDAS MÁGICAS

En aquella época, prácticamente me llevaban todos los fines de semana a la casa de mi tía Rosalba, hermana de mi padre biológico y la mamá de mi prima Claudia. Para mí aquel lugar era un centro recreacional, allí podíamos gritar, saltar o mojarnos. Mi tía nos hacía maldades, en el buen sentido de la palabra, y jugaba con nosotros. Íbamos al polideportivo del barrio a disfrutar de la piscina. Además, el esposo de mi tía manejaba la Ciudad de Hierro, un parque de diversiones. En aquel momento todo aquello parecía un parque de Disney. También en esa época conocí a mi madrastra, la esposa de mi padre biológico, una mujer muy buena a la que respeto y a quien guardo un gran cariño, a ella la llamo Mami Fabi.

De forma intempestiva, mi tía se fue a Medellín, sin siquiera despedirse. Este hecho representó un segundo golpe muy fuerte, el primero fue cuando mi mamá se fue de la casa sin decirme nada. Lamentablemente, no volví a tener contacto con mi tía Rosalba, la volví a ver cuando ya tenía veinticinco años.

DON GILBERTO, SENTANDO BASES ESPIRITUALES

Al barrio Marroquín llegó un hombre que notó la presencia de muchos niños en la calle, don Gilberto. Recordemos que el barrio era una invasión y todos andaban por fuera jugando. Él llegó, gritando, sobre una moto con una caja de dulces: «¿Quién quiere dulces?». Era una buena persona, nos reunió y nos dijo que para poder tener dulces tendríamos que estudiar, así que nos puso a estudiar la Biblia. Logró que todos prestáramos atención, nos hacía preguntas y si respondíamos bien, nos regalaba un bombón.

Comenzó a ir cada ocho días, escuchábamos el sonido de la moto y salíamos corriendo. Un día nos dio a cada uno un Nuevo Testamento, me atrevo a decir que todos los de mi generación aún lo guardan. Aquella era una cita semanal, los padres de todos estaban felices al ver que tantos niños acudían en pro de algo bueno. De este modo, un vecino le prestó una sala a don Gilberto, hasta que decidió irse a vivir a la invasión, pues sabía que era nuestro líder.

Fue así que decidió alquilar una casa en la que instaló una escuelita dominical. Estudiábamos la Biblia y nos dejaba tareas. Cuando salíamos a la calle, todos nos preguntábamos unos a otros por los avances de cada uno. Nos preguntábamos cosas como: «¿Ya respondiste el cuestionario?, ¿por cuál pregunta vas?». Con él aprendimos cómo orar de manera correcta. Además, nos enseñó a qué versículo recurrir si nos sentíamos de una u otra manera.

Honestamente, no sé si don Gilberto está vivo o muerto, pero lo que sí tengo muy claro es que sin las bases que él me ofreció no habría podido afrontar todo lo que me aguardaba en la vida. Una vez me lo encontré en el estadio de Cali en una vigilia con su hija Yurani, nos abrazamos, fue muy emotivo. Desde entonces no sé nada de él y de los suyos. Ojalá este libro llegue a sus hijos y sepan que su padre dejó cimientos en mí, y probablemente en otras personas, pues él fue una bendición para muchos. Si bien fuimos varios los que nos perdimos, guardamos sus enseñanzas y ese temor que va de la mano con lo ético tan implantado, nos tiene aún en tierra.

***

Un día, en la sala de la casa de Los Pichitos, cerca de mi hogar, los hermanos Wilson, Didier, Faiber y Yovany, que era el menor y muy travieso, pusieron un *Strober* hecho por ellos mismos. Allí se encontraban las minitecas de la cuadra. Como no me dejaban salir, cuando escuchaba la música me alistaba para hacer los mandados a la tienda. Bailaba un disco, llevaba el mandado que no era, para poder devolverme, y así bailaba. Mi abuela me sacaba a esterilla de allí. Después de un tiempo ellos se fueron a otro lugar y, en lo personal, me pesó mucho porque era lejos y no me dejaban ir.

En la esquina de la casa se formaba otro grupo, pero eran más adolescentes. Se reunían allí a bailar *break dance*. Yomba, mi vecino de al lado, era muy bueno para ello. Me gustaba ver cómo daban giros en el piso, era fascinante. Esa cultura rápidamente se incorporó en el barrio: gorra de medio lado, pantalones anchos, pañoletas y, los que podían, andaban con su grabadora y respectivo *cassette*. El chico de la cuadra que siempre me gustó, era uno de los que me hacían *bullying*. Sé que siempre he sido muy extrovertida, pero siento que muchas cosas que experimenté desde niña, como estas burlas, me hicieron respirar profundo y sonreír, no había más.

En el año 1994, cuando yo tenía 10 años, mi mamá se fue con mi hermano a vivir con mi papá. Dadas las condiciones de vida diaria, aprendí a usar el transporte público a temprana edad. Recuerdo que en el año 1995, cuando tenía 11 años, empezaron a arreglar las avenidas principales. Hasta ese momento eran de tierra, algunos huecos y, por ende, pantanales. Caminábamos seis calles hasta la parada del bus para ir a estudiar. Aquella construcción nos obligó a caminar 12 calles. Un día iba con mi amiga Alejandra Aguirre, dos años mayor que yo, rumbo al colegio, transitando esas calles de más, éramos muy niñas. De pronto salió un hombre desnudo. Alejandra me tomó de la mano, aceleramos el paso y aumentamos la voz, el hombre entró rápidamente a su casa, tomamos la nomenclatura y nos fuimos a la estación de policía más cercana, Los Mangos.

Considero que esa fue la primera vez que me violentaron, fue lo que llamo una violación mental, porque hasta el momento no había visto un órgano sexual masculino, ni siquiera me lo habían enseñado en el colegio, como dije era muy niña, y no estaba preparada para lo que vi.

Allí comencé a recibir a esos cobradores de una deuda que no conocía. Pero no sería la única vez, tiempo después, sucedieron otros eventos que te contaré más adelante. En este punto puedo decir que terminé pagando lo que estaba en el paquete de mi ADN.

Un día, mi tío Alfonso, hermano de mi madre, llegó con un familiar y me despertó para que le ayudara a poner música. Allí solo había un espejo y estaba en la mitad de la sala. Me paré frente a él para peinarme y, de pronto, este familiar me abrazó por la espalda y tocó obscenamente mis senos. Solo tenía doce años, corrí para avisarle a mi mamá, el teléfono de la casa estaba averiado, así que me fui a casa de Janeth y Elisa, unas vecinas, y desde allí llamé a mi mamá. Le conté lo sucedido y ella solo me dijo que regresara a la casa y me acostara. Sinceramente no tenía ninguna intención de regresar allí, por lo menos mientras estuviera esta persona.

Ese fin de semana mi mamá vino a casa y mi papá trajo su infaltable botella. Luego llegó más gente y yo estaba esperando hablar con mi mamá sobre lo sucedido, pero era como si no hubiese pasado nada. Me sentí muy triste. Tomé todas las botellas de licor que encontré y fui nuevamente a casa de Janeth y Elisa, ellas me pidieron que no tomara licor y les dije que lo haría allí o en la calle. Ellas, para protegerme, dejaron que me quedara y pusieron música. Experimenté mi primera borrachera a los doce años. Ellas vivían en un segundo piso, ¿cómo bajaría esas gradas de madera? Lo hice, aunque parecía que se movían. Todos me buscaban mientras yo bajaba y nadie se dio cuenta de que estaba borracha, y menos de que me había bebido sus botellas, de hecho, pensaron que fueron ellos.

En el año 1996 mi mamá salió embarazada, me sentí muy mal. Comencé a pensar que lo poco que había para mí, a partir de ese momento, sería imposible de recibir y que todas las demostraciones de amor serían abarcadas por mis hermanos varones. Resulta irónico, mi hermanito Juan nació ese mismo año, mi abuela cuidó la dieta de mi mamá mientras ese bebé pasó a ser mi consentido. Dado que habíamos estado un buen tiempo allí y conviví con ellos, di por concluido el pacto que una vez hice con mi hermano.

SAN JUDAS, UN CAMBIO DE HOGAR

La construcción de la carretera tomó tiempo y, a raíz de la situación que mencioné sobre el hombre que nos mostró sus partes íntimas a mí y a mi amiga Alejandra, mi abuela decidió llevarme a la casa de mi mamá. Esto representó un cambio brutal para mí, si bien cuando mi mamá salió de casa de mi abuela la extrañé mucho, eso hizo que el vínculo con mi abuela se compactara más.

Dormía con ella, era todo para mí, pasaba las tardes junto a ella. Mi abuela ha sido muy rígida, pero a su manera, me ofrecía cariño y amor, aunque fueran mínimas muestras, posiblemente no era mucho, aun así, sentía más conexión con ella que con mi mamá, que estaba más conectada con mi hermano. Mi abuela quería evitar que yo estuviera expuesta a una situación peligrosa, había un precedente y yo estaba creciendo, sumado a que en esa zona había pandillas. Fui muy feliz en Marroquín, a pesar de las circunstancias, extrañaba todo.

Inicialmente, en casa de mi papá, mi hermano y yo dormíamos en una habitación, mi rutina diaria consistía en levantarme y bañarme, mientras mi papá preparaba una avena con banano para mi hermano y para mí, luego nos llevaba hasta la parada de autobuses. Mi hermano y yo viajamos juntos, él se bajaba primero. Luego de las clases, volvíamos a casa, ayudaba a servir la mesa en cuanto papá se asomaba en su cicla. Era una cita diaria, amaba esos instantes, éramos familia. Desde entonces, para mí el comedor ha sido muy importante, puedo dormir en el piso, pero el comedor es sagrado.

Aunque significaba un cambio abrupto llegar a ese barrio, guardaba algunas expectativas, por ejemplo, pensé que ahí no me harían *bullying* por mi cabello. Cuán equivocada estaba, de hecho, fue peor, la experiencia fue la misma, me gritaban cabeza de piña por todas partes. En este sentido, la paz estaba ausente de mi vida. Había hecho amistad con una chica llamada Claudia, su cabello era como el mío. Para ambas, ir a la tienda o caminar juntas era perturbador, nos perseguían para acosarnos por esta característica física.

Se supone que estaría en un mejor barrio, me habían sacado del peligro, pero cuando fui a vivir a San Judas, sentarse en el andén era extremo y siempre olía a marihuana. El bus nos dejaba en Puerto Rellena y había que caminar cinco cuadras, incluyendo pasar un puente donde había muchas personas en condición de calle. Si mi mamá nos cuidaba en Marroquín, en San Judas con mayor razón, y es que el sitio seguro que habitábamos se encontraba en medio de un ambiente pesado, el sector estaba en manos de traficantes. Fui testigo directo de cómo algunos se asesinaron entre ellos y se peleaban el territorio. El puente era y sigue siendo la mina de oro, muchos de los sobrevivientes están en la cárcel.

UN CAMBIO DE HOGAR, NO DE SITUACIÓN

La casa era muy grande, tenía un antejardín, cinco habitaciones, dos baños, sala-comedor, cocina, patio y lavadero. Mi papá tomaba, como ya mencioné, cada fin de semana. No fue difícil para la familia y amigos tener un salón gratis y sin horario para todos sus eventos, desde el más pequeño, como jugar parqués tomando, hasta cumpleaños y despedidas.

Comencé a notar todo lo que ella me cuidaba dentro de la casa, pero lejos de comprender sus razones, yo estaba totalmente confundida, no podía entender que no me permitieran ir a casa de unos amigos o de unos compañeros a hacer una tarea, alegando siempre que todo lo malo se encontraba fuera, tras las paredes de la casa, pero a su vez, estando dentro veía comportamientos que se alejaban mucho de ese concepto de seguridad. Cuando somos niños siempre aceptamos como cierto lo que dicen nuestros padres y en el caso de mi mamá, ella era la voz de mando, nos decía muchas cosas basadas en reglas, pero cuando llegaba el fin de semana y se reunían a compartir fuese con familiares o amistades, no había límites, todos podían hacer lo que quisieran y cuando así lo desearan.

En la casa había inquilinos, tomaban parte como si fueran dueños de la casa, al igual que familiares, amistades o clientela frecuente. Yo no entendía por qué en mi propia casa tenía que aceptar que alguien ajeno a mí me hiciera comentarios despectivos y me hablara como si yo fuese lo peor. Era evidente que para mí resultaba muy difícil comprender que me prohibieran precisamente todo aquello que ocurría dentro de mi casa, personas extrañas podían hacer mucho de lo que me habría gustado hacer, como, por ejemplo, escuchar música a todo volumen, nunca lo pude hacer. No tenía la libertad de hacer muchas cosas. En realidad, era una niña creciendo inmersa en un ambiente muy inseguro.

Ya te he dicho que tengo buena memoria, hay instantes en los que mi mente está volando, aunque yo esté sentada. No es sencillo olvidar que en tu propio hogar hayas tenido que presenciar actos sexuales. Podría mencionar uno a uno, con nombres de familiares y amigos de mi mamá que vi haciendo este tipo de cosas. Algunos de estos tampoco respetaban la casa de mi abuela cuando mi papá nos echaba en medio de la fiesta y terminábamos allí, porque querían seguir tomando.

Sin embargo, voy a permitir que cada quien identifique lo que le corresponde, no haré señalamientos como ellos lo hicieron conmigo. También recuerdo que en una fiesta mi mamá se acostó a dormir, todos los demás se quedaron escuchando música. Vi cómo una amiga muy cercana de la familia, que ese día llevaba blusa y falda blanca, salió de la habitación de atrás y, acto seguido, salió mi papá. Sé quién eres, te tengo presente. La próxima vez recuerda sacar los papeles higiénicos.

Debo reconocer que mi papá nos humillaba mucho, nos echaba constantemente de la casa y repetía que era de él. Puso la nevera bajo llave e hizo lo propio con el mercado. Sin embargo, a él lo quiero mucho, también debo decir que no recuerdo que me gritara y que siempre me defendía cuando mi mamá iba desenfundando la ira concentrada de su estrés y me golpeaba.

Una vez mi papá se fracturó la clavícula, así que mi mamá se fue al hospital con él. En la nevera había mercado, entonces con mucho entusiasmo y alegría empecé a cocinar. Quería darle la sorpresa a mi mamá y estaba emocionada por haberle preparado el almuerzo. Llegaron tarde, yo no había comido porque quería hacerlo con ellos y servir la mesa, estaba sintiéndome orgullosa de mí misma. Pero todo acabó en cuanto mi mamá destapó la olla y probó la comida. Me tiró la olla pitadora a los pies y dijo que eso era una porquería, acto seguido, ordenó a mi hermano que tirara eso al caño. Resulta que hice bien todos los pasos como veía a mi abuela y a ella misma, solo que le puse aceite y era sobrebarriga. Ese día juré que nunca más prepararía algo para ella.

PUNTO DE GIRO

La casa se dividía así: tres habitaciones, sala-comedor y cocina, entre la tercera pieza y la cocina estaba la puerta del patio. Las dos primeras habitaciones estaban alquiladas, en la tercera dormíamos mi hermano y yo. Un día, tarde por la noche, me dirigí al baño, abrí la puerta y frente a mí estaba mi papá sentado en el lavadero. Se me congeló la mente, el tiempo se detuvo, divagaba entre el hecho de que no podía creerlo y entre las palabras de discreción de mi mamá. Lo descubrí fumando marihuana.

Él casi se traga su cigarrillo alegre y también se quedó paralizado, noté su incomodidad. Realmente tenía que ir al baño, así que solo bajé la mirada y caminé lo más rápido que pude, entré al baño y lo único que quería era que él aprovechara eso y se fuera a su habitación. Ese día el respeto por todos se esfumó. Era mi héroe, a pesar de ser un maltratador. Lo respetaba. Aquella noche todo cambió, a partir de ese momento mi rebeldía, que era innata, comenzó a manifestarse con mayor fuerza. Nunca se tocó el tema, todo siguió normal.

Cada fin de año íbamos a compartir las fiestas navideñas en el período de las vacaciones laborales. Por cierto, debo confesar que no me gusta la Navidad para nada, sin embargo, debía hacer acto de presencia. Cuando salíamos en junio, también en vacaciones, me gustaba más porque íbamos al club, disfrutábamos la piscina y compartíamos con más niños.

MARINA

Marina era una mujer que veía pasar frecuentemente por mi calle. Ella vestía con *jeans* o bermudas, zapatillas, buzos y manillas. Su cabello era corto y le gustaba pintarse los labios. Una vez me pidió agua para lavarse, nunca se la negué, incluso le di comida. Ella me agradeció aconsejándome, me decía que ella era el reflejo de la calle, que nunca cayera en eso, que me cuidara. Aunque estaba atrapada en las drogas, me regaló muy bonitos consejos, algo completamente lógico, siempre he pensado que ninguna persona que se encuentre sumergida en ese mundo va a aconsejar mal. En realidad, hablar con ella era tan valioso como el agua.

«Monita, ¿tiene algo pa mí?», así me saludaba y se sentaba en el sardinel porque sabía que siempre le guardaba algo. A veces, dejaba de verla durante días, y otras semanas la veía muy seguido. Un día llegó una camioneta y se la llevaron. Sin embargo, muy pronto la volví a ver llorando en el «puente de oro» de los traficantes. Ese día la vi muy mal, aunque su olor era muy desagradable, eso no me importó, la abracé, le pregunté qué le ocurría y me dijo que su hijo le había dado otra oportunidad, pero ella se había vuelto a ir. Me dijo que sentía vergüenza de ella misma por su situación, que ella amaba a sus hijos y tenía miedo del rechazo.

Aparentemente, uno de sus hijos le había dado un ultimátum. Con mis 13 años le dije que me diera el número y yo lo llamaba. Eso hicimos y le expliqué la situación, él me dijo que en ese momento no podía ir a buscarla, así que le dije que yo la llevaría. Aquella casa era realmente increíble, se sentía muchísima armonía. A partir de ese momento yo me convertí en el puente entre ambos y lamentablemente perdí el contacto con ella cuando me fui de la casa.

Una mañana me desperté y recordé de inmediato que había soñado con Marina, así que busqué a su hijo en redes y le escribí, le pregunté por ella. Me respondió de inmediato y me pidió mi número. Comenzamos a hablar por WhatsApp, me preguntó quién era yo, le dije que era la niña que llevaba a su mamá a casa, él escribió mi nombre, no lo había olvidado. Me dio la triste noticia de que ella había fallecido, pero antes de eso se había recuperado, compartió fotos conmigo, estaba preciosa. Ella fue un referente muy importante que marcó mi vida.

LILIANA, UNA BOCANADA DE AIRE

En algún momento llegó a vivir a la casa la madrina de mi hermano, Liliana. Establecí una gran relación con ella después de estar en el patio con mi mamá y que ella me dijera a boca llena que no quería hijas mujeres. Ese día armé el rompecabezas. Liliana le dijo a mi mamá que pensara antes de hablar, que yo estaba allí y que esa no era manera de decir las cosas. Se convirtió en mi defensora, incluso si viajaba a su pueblo, me llevaba con ella. Lamentablemente, ella se fue a España y sufrí mucho su ausencia.

AMIGOS Y MINITECA

Mi hermano creció siendo muy callado, observaba todo y guardaba silencio. En el barrio hizo amistad con Jason Martínez, un joven alto, delgado y color canela, que se convirtió en uno más de nosotros. Tanto así que le pedía la bendición a mi mamá, amanecía en la casa, prácticamente vivía con nosotros. A Jason lo conocían todos porque había crecido en el área.

Yo, por el contrario, me hice amiga de los gemelos Luis y Germán Quiroga, y también de Julio. Hablábamos de salsa, en ese tiempo no podíamos escuchar Cuco Valoy porque bailábamos en cualquier parte. Las minitecas se daban en casa de Julio, él era el encargado de ir a pedir permiso a mi casa. Recuerdo que iba una semana antes, mi mamá decía que tenía que lavar las paredes, brillar el piso, las ollas y que así me daría permiso. Entonces me levantaba temprano para cumplir con eso, pero cuando me organizaba, ella me decía que ya no tenía el permiso. Las veces que sí me dejaba ir, solo podía hacerlo de 9 p. m. a 12 a. m., es decir, mi mamá pretendía que fuera a poner las sillas y cuando llegara la gente, bailara un disco y ya debía irme. Para llegar, debía pasar al siguiente barrio, que no era nada cerca.

DOS CARAS DE LA MISMA MONEDA

La situación en la casa continuaba igual. Un día comenzó a ir a almorzar don Alejandro, a él lo veía en la esquina del puente con movimientos de manos en el pasto. Luego de semanas de estar de comensal en la casa, comencé a sentir un olor diferente al de la marihuana, hoy sé que se trata de otra droga, el bazuco. Dado que lo veía cruzar el puente y entrar al monte, no le quitaba la vista. Un día me escondí para ver sus movimientos dentro de mi casa. Fui testigo de cómo movía una baldosa, sacaba una pequeña bolsa de droga y guardaba dinero. Tampoco dije nada, me quedé callada. Ese señor le pedía a mi hermano que le hiciera mandados.

En una oportunidad, ese señor se quiso pasar de listo conmigo. Solía grabar en mi mente los rostros de las personas con las que veía a ese señor, así podía entender quiénes eran y qué hacían. Vi a mujeres del barrio que también formaban parte de los dueños del «puente de oro».

Rápidamente, identifiqué a quienes controlaban esa zona. Pasé de estar en una invasión en donde veía solo una cara de la moneda, a ver las dos caras. Una cosa es ver solo el punto de degradación donde no quieres estar y otra cosa es el ambiente del que trafica, pues te ronda la falsa creencia de que hay algo positivo, debido a la cantidad de dinero que se mueve.

La primera pedrada de realidad me la dio la policía, quienes por unos cuantos ceros permiten que estas personas lleven sus labores en la más absoluta tranquilidad. Todo esto me hizo perder completamente el miedo, de pronto vi que no era tan difícil entrar allí. De hecho, era muy fácil con el acompañamiento de la ley.

Esta experiencia me ha hecho concluir que resulta más provechoso, como seres humanos, que veamos el ejemplo degradante de lo que podría llegar a ocurrir en nuestra vida, en lugar de llegar a una calle en la que venden drogas y veas, de primera mano, el poder que te puede dar el dinero y que te puede llevar a dar esa terrible decisión. La perspectiva de un niño no es tan amplia como la del adulto, aunque sea muy inteligente, pues no está viendo la otra cara de la moneda, no relaciona que aquel indigente que vieron en otro lugar llegó a ese estado debido al consumo de drogas, solo ve el dinero.

UN NUEVO NEGOCIO

Un día, mi mamá le dijo a una inquilina que jugara un número, la señora no lo hizo, pero resultó el número ganador. Luego, una de ellas estaba sentada en el patio fumando un cigarrillo y mi mamá, al ver la ceniza, le reveló un par de cosas. Esta señora se encargó de referirle más clientela. Así que ella acondicionó una habitación con este objetivo. Era un negocio muy rentable que aún se mantiene.

Casi no veía a mi mamá porque estaba atendiendo a algún cliente y nunca estableció límites, siempre trabajaba, a cualquier hora. Tampoco podía ver televisión, porque era para los clientes que esperaban en el salón. La casa pasó a convertirse en un lugar exclusivamente para dormir, porque no puedo llamarle hogar a un sitio donde no puedo estar cómoda. Allí llegaba gente todo el tiempo, era imposible compartir una película o un almuerzo en familia porque llegaba gente. Incluso llegaron a regañarme delante de todos y estos, a su vez, no respetaban a los hijos ajenos.

Por supuesto que eso no me gustaba y, en lugar de tratar de manifestar mi descontento, me soltaba en llanto. Pero era peor porque al expresar mis emociones, mi mamá se enojaba y me decía que detuviera mi llanto de inmediato, que uno no hacía eso, mi mamá siempre me dijo que yo no podía llorar, me lo prohibía, me decía que tenía que ser fuerte. Así que, si me veía llorando, me regañaba y me gritaba. Como quiera, ella me estaba preparando para el futuro.

Me cuidaba tanto de no salir a la calle que, justo la primera vez que fui a una discoteca, me dio permiso de ir con una de sus amigas y cuando llegué a aquel sitio, se trataba de una discoteca *gay*. En ese lugar, con apenas catorce años, fui testigo de actos homosexuales lascivos, además de ver *shows* de *drags*.

LA PERMANENCIA DE UNA MALA SITUACIÓN

La situación era muy difícil, mi papá siempre buscaba humillarnos, como mencioné. Todas estas circunstancias nos llevaban a mí y a mi hermano a pedirle a mi mamá que nos fuéramos, sin embargo, ella se negaba. No deseaba volver a Marroquín por las presiones de mi abuela, prácticamente significaba para ella cambiar a un tirano por otro. Además, no es una mujer que retrocede. Algo quedaba claro: necesitaba una casa.

Mi papá tiene un par de sobrinos a los que quiero mucho, Pilar y Julio, este había llegado a vivir a la casa y ocupaba la primera pieza. A pesar de ser cercano con el licor y la marihuana, mi papá hacía deporte, era ciclista y también le gustaba hacer *trekking* en un cerro cercano. Por aquellos días, Julio y yo lo acompañábamos. Esa actividad había provocado que mis piernas estuviesen muy tonificadas. Ya era una adolescente, tenía catorce años.

Un día, el vecino que vivía en una casa ubicada diagonal a la nuestra, el Indio Javier, fue a pedir dinero prestado a mi mamá, dejaría en garantía un televisor. Yo estaba allí cuando todo esto ocurría, ella fue a buscar el dinero y me quedé a solas con él, este hombre aprovechó y me dijo: «Te tengo un cliente». No entendía a qué se refería, lo miré extrañada y justo en ese momento ella regresó con el dinero. Nunca olvidaré su risa malévola cuando se iba.

Cuando regresó a pagar la deuda y a buscar su televisor, le propuso a mi mamá que yo saliera con unos amigos de él, esa fue la primera vez que la vi pelear por mí. Al ver la negativa, me miró y me dijo que ya sabía dónde vivía si me interesaba la propuesta. Yo ni siquiera tenía novio porque mi cabello era horrible y nadie me miraba. Además, era una niña en todo el sentido y mi mamá comenzó a estar más atenta.

Era una época complicada, mi mamá estaba bajo mucha presión, algo que no es reprochable dada su situación. Ella estaba contra la pared, mi papá la maltrataba, tenía toda la carga de la casa encima y dejarlo para volver a casa de mi abuela significaba un fracaso, ella no era mujer de retroceder. Su estado de irritabilidad era evidente, hoy veo mejor las cosas. Ciertamente, mi mamá me protegía de algunas situaciones, pero me maltrataba demasiado en lo emocional. Como he mencionado, en la casa siempre había gente y no faltaba quien llegara en la madrugada y le dejaban entrar, sin importar el día que fuera.

Las noches distaban de ser confortables, teníamos que madrugar y a veces sonaba el despertador, aunque el cuerpo estaba cansado. Me bañaba muy rápido y lavaba los calzones, pero los dejaba en el baño. Como salía corriendo, olvidaba sacarlos. Un chico me estaba pretendiendo y un día mi mamá envió a mi hermano a buscarlo y le mostró mis calzones. Una humillación que se sumaba a las grietas entre ella y yo, me sentía totalmente humillada. Ni siquiera el baño de mi casa era seguro, tampoco la escuela, ningún lugar. Aún hoy él me ve y me pregunta si ya lavé mis calzones.

MI PRIMER TRABAJO

Había conseguido trabajo en una fábrica de polipropileno. Mi rutina consistía en asistir al colegio de lunes a viernes, sábado y domingo trabajaba. Tuve una buena relación laboral con mi jefe, también conocí a Naydú nos hicimos muy cercanas, pero un día ella tomó la decisión de dejar el país, también escogió España como rumbo.

Esa fue la gota que colmó el vaso y a partir de ese momento tomé la decisión de hacerme fuerte, de no aferrarme a nadie más, de no querer de nuevo, pues todos se iban y yo quedaba a la deriva. Construí murallas que no derribaría sino hasta el año 2010. Comencé a dejar de demostrar mis sentimientos, además, mi mamá no me permitía llorar. No lo asimilaba, pensé que no podía querer a nadie porque entonces se iban. Todo lo que tocaba con amor, se marchitaba, me sentía como un ladrillo de cinco lados. Percibiéndome como una extranjera en este mundo, nunca he sentido que encajo en esta dimensión.

QUINCE AÑOS

Cuando iba a cumplir los quince años, mi mamá tenía la idea de hacerme una fiesta, aunque yo no lo deseaba, solo quería una moto Chappy. Sabía que la fiesta no era para mí, sino que sería más de lo mismo. Sin embargo, ella impuso su idea e hizo que invitara a mis amigos del barrio.

Aunque estaban en pie los preparativos y ya teníamos una coreografía ensayada, ella comenzó a darse cuenta de lo costoso que resultaba aquello. Decidió cancelarla, pero su excusa fue que debido a mi mal comportamiento, lamentablemente debía suspenderla porque no la merecía. Esa fue la excusa que dio a los invitados y de ese modo quedé en ridículo, pero la verdad es que no tenía todo el dinero.

El muchacho que sería mi chambelán, Piña, era maravilloso, no me gustaba, pero lo apreciaba, era una gran persona, me había regalado un brazalete de plata. Lamentablemente, una semana después, lo asesinaron. Por otro lado, mi mamá dio una fiesta a todo dar con tamales, sin importar que enseguida, esa familia estaba de duelo; siempre había un motivo para ingerir alcohol. Hasta el día de hoy se mantiene esta dinámica.

Las peleas entre mi mamá y mi papá continuaban, una situación frente a la que mi hermano tenía un plan que yo no me imaginaba. Quizás era porque yo sentía que él tenía más beneficios que yo porque le permitían hacer cosas que para mí estaban prohibidas. La desigualdad en el trato era evidente, la balanza se inclinaba a favor de él, era palpable.

EL COLEGIO NUNCA FUE SEGURO

Cuando estaba en el colegio, cursaba Comercio, pero me interesaba la Promoción Social. En aquel entonces aún se estudiaba mecanografía y taquigrafía. En medio de un examen de taquigrafía, había dejado el borrador, así que me levanté y le expliqué a la profesora que la respuesta correcta era otra, la señalé para que supiera y le dije que por error marqué la opción incorrecta y no podía borrarla porque había dejado el borrador, eso no fue suficiente. Al llegar a casa le conté lo sucedido a mi mamá. Al día siguiente entregaron los exámenes y perdí el mío porque la profesora dijo que una secretaria no se podía equivocar y tuve que repetir. Sin embargo, mi mamá me dijo que repetiría el año completo, no solo la materia. Además, me hizo un escándalo por aquello en el colegio, un escenario que ya era hostil para mí por el *bullying* que recibía.

Ella no recuerda muchas de esas cosas, pero los patrones continúan, lo sigue haciendo con mi hermanita y siempre le digo que no se deje humillar así, si la gente comienza a ver que en su propia casa la tratan así, la van a comenzar a pisotear, yo lo viví en carne propia. Debido a que mi mamá me trataba mal delante de los demás, esas personas creían que tenían el poder de opinar y actuar sobre mi vida. No estaba dispuesta a soportar ese tipo de comportamiento. A partir de ese momento comenzó una guerra.

Un día, Claudia, mi amiga, me pidió que la acompañara a comprar unas cosas, le pedí permiso a mi mamá y lo obtuve, así que me fui con ella. Al regresar, ella comenzó a increpar, preguntándome a dónde había ido, le recordé que le había pedido permiso, ella estaba amasando, así que tomó esa masa y la lanzó a mi cara delante de todos y me gritó, de forma desaforada, que me fuera. Mi papá trató de protegerme en ese momento. De nuevo, ella dice no acordarse de esto, a pesar de que todos lo recordamos muy bien.

ABRAHAM NO OLVIDÓ EL PACTO

A pesar de ese favoritismo, mi hermano también se sentía afectado, así que un día simplemente no volvió. Un tiempo después llegaba gente a la casa preguntando por él, otros nos advertían que nos fuéramos, que nos podían asesinar. No entendía nada de esto. Jason era uno de los que advertían a mi mamá que mi hermano estaba en peligro, ni siquiera sus amigos sabían qué era lo que había hecho.

La situación era muy tensa, estaba atemorizada y le pedí a mi mamá que nos fuéramos de allí, pero ella alegaba que no había hecho nada y no tenía por qué irse. Una vez fui a la panadería y un hombre comenzó a perseguirme, me vi obligada a tomar un taxi para escapar. Ese día mis temores se agudizaron. Además, al salir nos decían que ahora teníamos mucho dinero, sin embargo, yo era testigo de cómo mi mamá trabajaba a diario.

Un día mi mamá recibió una llamada, le pidieron que fuera hasta un pueblo. Ella se fue, sin hacer preguntas, pues conocía la voz de quien le llamó. En aquel momento ya había anunciado que estaba embarazada de mi hermana menor, Luciana. No conozco demasiados detalles de aquella visita, pero sí recuerdo que mi mamá llegó contando que mi hermano le había dado una maleta llena de dinero y le dijo que era para la casa. Evidentemente mi mamá lo increpó, él tenía diecisiete años, ¿de dónde había sacado aquel dinero? Por supuesto, no recibió aquella maleta, estaba segura de que no lo había obtenido de forma lícita.

A pesar de las diferencias, yo quería a mi hermano, me interesaba saber cómo estaba, así que le pregunté más detalles a mi mamá y le dije que debió recibir el dinero, pero a pesar de todo, mi mamá tenía ética, estaba segura de que él había hecho algo malo para obtenerlo y ella no estaba dispuesta a recibirlo. Ninguno de nosotros sabía realmente lo que había ocurrido, pero éramos víctimas de cierto acoso en el barrio.

Él había cumplido con el pacto que yo había dejado en el pasado, pues habíamos salido de la invasión y estábamos en una casa. Sin embargo, nada más lejos de eso para él. De hecho, se había convertido en su prioridad, y aún más con el anuncio del embarazo. Ambos sabíamos que si con tres hijos sentía que no estaba preparada para irse, con un nuevo integrante, mucho menos. Sumado a esto, no podía obviar el maltrato que sufría mi mamá, e incluso todos nosotros, por parte de mi papá. Finalmente, ya siendo adulta, me enteré de qué era lo que había hecho mi hermano.

DECISIÓN

Aunque era una niña, entendí que había algo más, una cuestión vital que me tocó aprender a la fuerza y de forma dolorosa, pero, aun así, yo prefería ese dolor de una realidad directa y sin mediadores, que permitir que me armonizaran un engaño. Estaba cansada de que mi mamá me echara de la casa, así que un día, después de tantas cosas, simplemente tomé la decisión de irme, entendiendo que el ambiente externo, en realidad, no era muy distinto de lo que tenía dentro de casa y que, además, afuera podía llegar a tener más posibilidades que quedándome en esa burbuja incongruente que era mi casa, por estas razones y algunas otras tomé la decisión de irme.

Toda aquella frustración del maltrato que sufría, sumado a lo de mi hermano, fue descargado sobre mí, me trataba realmente mal, me insultaba y me botaba de la casa, repetía que no entendía para qué me había tenido. Frente a toda aquella situación, pensé que, si mi hermano se había ido, yo también sería capaz de hacerlo. Él, aunque no lo había hecho de la mejor manera, me había impulsado.

UN REENCUENTRO INDESEADO

Estaba cansada de que me echara, ni siquiera me sentía en mi propia casa. Al otro día madrugué, empaqué lo que tenía y me fui un viernes 13 de agosto de 1999, a casa de doña Martha, la mamá de unos amigos de mi hermano. Justo él llamó y ella le contó que yo estaba allí porque mi mamá me había echado por enésima vez, pero en esa ocasión había decidido irme. Tenía quince años cuando tomé esa decisión.

Apenas colgué, sentimos el ruido de una moto, doña Marta me dijo que me habían ido a buscar. Era imposible, nadie sabía que yo estaba allí. Quien llegó era mi papá biológico. Me obligó a irme con él, diciéndome que si no me iba con él, demandaría a doña Martha por recibir, sin permiso, a una menor de edad. Para evitar problemas, me fui con él, solo con la ropa que llevaba puesta, pues tenía pensado regresar. Al llegar a su casa, supe que allí también se encontraba mi hermano. En aquel momento ya no vivía con Mami Fabi, sino que estaba con otra persona. A esa señora ni la saludaba, así que este hombre se incomodó y comenzó a increparme, pero ya era otra. Había decidido no quedarme callada y le dije lo que pensaba.

Mientras estuve allí supe lo que era comer habichuelas, eso me hizo rechazarlas hasta el día de hoy. Le repetía a mi hermano constantemente que estaba incómoda, que no quería estar ahí, ni siquiera tenía ropa ni nada. Abraham me calmaba diciendo que montaría un negocio con él y que podríamos trabajar. Justo ese día discutieron, mi hermano le preguntaba por el dinero y él se quedaba callado, no le daba respuesta. Además, yo dije que no quería estar allí porque no tenía ningún vínculo con él, ahora era tarde para pretender ser un salvador. No me quedaba callada y, en aquel lugar, el ambiente se tornaba cada vez más pesado.

Ese mismo día llamó mi tío Alfonso, el hermano de mi mamá, en ese momento este hombre me estaba golpeando con una correa y grité lo que estaba pasando para que mi tío escuchara. Rápidamente, mi tío buscó a mi mamá, le dijo lo que estaba pasando y llegaron por mí. De pronto me encontraba nuevamente en aquella casa en Cali. Nada había cambiado, de hecho, ahora era peor, también se burlaba de que me había ido, pero me vi obligada a regresar. Era una niña, aun así, lograba descifrar que ella se estaba proyectando y yo no quería ser su espejo.

UN NUEVO TIRANO

En aquel entonces, comenzó a ir un muchacho a la casa, cliente de mi mamá. Ella hablaba maravillas de él, lo adornaba, recalcaba que era universitario y ese tipo de cosas. Cuando iba gente a la casa yo me encerraba, estaba cansada de que me tocara a mí hacer café, atenderlos y recibir malos tratos, gracias a que mi mamá me maltrataba delante de todos.

Un día mi mamá no estaba y este muchacho fue para la casa. Comenzó a hablar conmigo, me dijo que él iba a grabar mi fiesta de quince años. Yo no quise profundizar mucho, simplemente le comenté que mi mamá no estaba y que podía esperarla en el salón y me fui a encerrar en mi cuarto de nuevo.

Él continuó visitando y un día pidió permiso a mi mamá para salir a comer conmigo, ella lo otorgó, así que me invitó a comer y acepté la invitación. Luego de eso, las visitas pasaron a ser diarias. Pronto comenzó a notar cómo me trataba ella, así que dejó de ser su cliente y comenzó a sentir empatía conmigo. Mencionaba que mi mamá me trataba muy mal y más temprano que tarde me fui con él, una decisión que me pesaría.

Aquel supuesto muchacho universitario era tan empedernidamente celoso que la misma hermana me acompañó a demandarlo. No podía ni moverme de su lado, así que progresivamente me fui cansando más y más de la situación. En una ocasión me dijo que si lo dejaba, él se suicidaría, esto me sumergió en un temor absoluto, no quería ser la responsable de algo así; él me amenazaba.

Afortunadamente, llegó el día en que llegué al límite, me llené de valor y le conté a su hermana lo que estaba ocurriendo. De forma inesperada ella misma me dijo que debía demandar. Nos pusimos de acuerdo y apenas crucé la calle, la gente comenzó a señalarme hacia donde vivíamos, cuando me giré lo vi colgado con una correa. La policía subió y lo bajaron de allí, mientras yo seguí adelante, fui acompañada de su hermana a atestiguar.

RUMBO A LAS CALLES

Estaba en un limbo, no tenía donde vivir y no deseaba regresar a casa de mis padres, lamentablemente decidí irme a donde el Indio, aquel hombre que me había dicho que tenía un cliente para mí. La inseguridad del hogar me llevó a transitar este camino inestable e inadecuado para una niña. Las bases del ser humano son la casa, si no existen buenas bases, un simple viento es capaz de tumbarlo. Pero, además, cuando una persona no sabe hacia dónde se dirige, todos los vientos resultan contrarios. Así ocurriría…

Capítulo 3

DEAMBULANDO EN CÍRCULOS DE SUPERVIVENCIA: 16 A 18 AÑOS

La única manera de lidiar con un mundo sin libertad es llegar a ser tan absolutamente libre que tú misma existencia es un acto de rebelión.

Albert Camus

Sin lugar a dudas, la adolescencia es una etapa muy compleja para todos los seres humanos. Aunque cada uno de nosotros sea distinto, coincidimos en este punto. Mi historia no se aleja de esa realidad, no la valoro bajo etiquetas, no fue mala o buena. Considero que se trata del camino de aprendizaje que yo misma decidí recorrer acompañada de mis maestros, quienes en este capítulo continuarán impartiendo lecciones que resultaron muy valiosas para mí y que deseo compartir contigo.

LA REBELDÍA POR NO SENTIRME AMADA

Luego de aquella gran y sabia decisión para una niña, de nuevo estaba en la calle. Las consecuencias no parecían ser las mejores, a pesar de haber hecho lo correcto en medio de aquella situación. Por obvias razones no quería regresar a casa de mi mamá. Esto no tenía que ver con el hecho de que no la quisiera, sino que volver sería demasiado pesado para mí y ya me sentía muy dañada.

Debido a todo este contexto, recordé una oferta que me habían hecho tiempo atrás, así que decidí tocar esa puerta. A pesar de que no era de mi agrado, fui a donde el Indio, quien inicialmente me ofreció un trabajo que consistía en seguir personas. Esto me pareció algo muy sencillo, por lo que acepté la oferta sin dudar. Para llevar a cabo mi tarea, pusieron a mi disposición un beeper y un teléfono cuyas dimensiones se asemejan a las de un ladrillo. En ese tiempo aquellos eran los dispositivos más modernos de comunicación inmediata.

Luego de haberme equipado con lo necesario, me enviaban en un taxi a andar por las calles en compañía de dos hombres, quienes me mostraron la imagen de una persona específica. Mi función era incorporarme en su barrio e identificar a este individuo y tomar nota de sus horarios.

Hasta cierto momento todo esto me parecía muy normal, pero luego de algunos días se mostró la realidad en toda su crudeza. Escuché una conversación del grupo, estaban impartiendo instrucciones. Uno de los hombres debía esperar mi señal y en ese momento «hacían y salían». Aquello me pareció muy extraño, no entendía aquel lenguaje, así que pregunté al respecto. Su respuesta fue muy impactante para mí, me dijo que al muchacho que había estado siguiendo le «darían de baja».

Luego de esas palabras, sentí cómo un frío helado recorría todo mi cuerpo, pero aun así, obtuve valor para decirles que tendrían que asesinarme porque no formaría parte de aquello. Aún no tengo claro si se trató de osadía, ética o inconsciencia, pero comenté que no iba a participar en un asesinato, aunque no supiera qué iba a ocurrir conmigo. Además, en ese momento mi hermano estaba huyendo, una razón más por la que, hasta ese punto no llegaría, no estaba dispuesta.

Les entregué el beeper y teléfono mientras acotaba que no me debían nada, que estaba dispuesta a desaparecer en ese momento o si era de su elección, me asesinaran. Siempre he tenido ese espíritu osado. El Indio me miró pensativo, en ese momento se notaba que no sabía bien qué hacer conmigo. Decidieron llamar al jefe, pero no dejaron del todo la decisión en sus manos. Él intercedió por mí, le dijo que yo era muy joven, que conocía a mi familia porque era su vecina y que no quería quedar mal. Afortunadamente funcionó, pero advirtió que no podía quedarme en el barrio durante mucho tiempo.

DE UNA FÁBRICA A LA COMPAÑÍA

Una vez más, no sabía a dónde ir. Recorrí el área donde había trabajado y decidí ir a tocar puerta de todas aquellas empresas que estaban en el sector. Esperaba conseguir un empleo, aunque fuese limpiando o cualquier otra cosa. Finalmente lo logré y en una de ellas me ofrecieron un trabajo en el mostrador. Aquella fue una satisfacción para mí, pero el entusiasmo inicial no duraría mucho. El lugar era manejado por una pareja y el señor me miraba de una forma desagradable desde el comienzo. La situación resultaba muy incómoda, su mirada era muy lasciva.

Afortunadamente, justo por esos días, unos emisarios de el Indio acudieron a buscarme. La idea era proponerme un oficio nada convencional para una niña. Estaban en la búsqueda de muchachas que trabajaran como damas de compañía. Era tan ingenua, que ni siquiera tenía idea de qué era aquello, así que pedí que me aclararan de qué se trataba. Me explicaron que solo consistía en acompañar hombres. Solo tomar un trago con los clientes, no involucraba sexo o algo de ese tipo. Siendo de ese modo, acepté la propuesta.

Mi primer cliente fue un político, el lugar de encuentro era el hotel Aristi, en Cali. Me habían comprado ropa, me hicieron vestir como una ejecutiva, así que lucía como una niña ejecutiva. Me trasladaron al lugar, no íbamos por cuenta propia, sino que nos llevaban. Al llegar, me indicaron el lugar en el que me estaba esperando. A ese primer cliente nunca lo olvidaré.

Su estatura era media, iba con saco y corbata, elegantemente vestido y se expresaba muy bien. Cuando vio que era tan joven, no pudo contener la risa. Pronto me pidió que me sentara y me preguntó qué pediría, pero yo no sabía nada de eso, solo comía cosas muy caseras. Esto lo obligó a pedir por mí.

A partir de aquel día, le agradaba que lo acompañara con frecuencia. Hablaba de proyectos, era un político y solo iba a Cali por sus funciones. Cuando estaba allí, quería tener a una chica joven a su lado, quizás deseaba sentirse como «el macho». Pese a esto, no me tocaba, solo me pagaba el servicio. Durante mucho tiempo fui su dama de compañía, hasta que un día notó que ya estaba convirtiéndome en toda una mujer y me propuso un poco más. Sin embargo, lo máximo que hizo fue colocar su mano en mi pierna mientras conversaba con socios y colegas. Creo que lo hacía para que me sintiera parte de aquello, trataba de incluirme en su conversación política.

Lamentablemente, todo llega a su fin. Un día me dijo que no regresaría porque sus contratos habían finalizado, así que no volvería. En ese momento me encontraba pagando un alquiler compartido de un apartamento tipo estudio; de pronto me había quedado sin el ingreso para costear la renta.

Justo por esos días, la muchacha con la que compartía apartamento me invitó a un viaje para Tumaco La Perla del Pacífico, un distrito colombiano que se caracteriza por ser costero. Tenía tiempo de sobra, por supuesto que acepté ir. Era el primer viaje que hacía, mi maleta consistió en una bolsa negra de basura.

LA PERLA DEL PACÍFICO, UNA PUERTA QUE SE ABRIÓ

Para llegar a ese lugar desde Cali es necesario viajar por vía terrestre durante trece horas. Nuestra primera parada fue siete horas después, en esa zona hace mucho frío. Allí los choferes hacen pausa para reportarse. Había estado sufriendo un frío intenso durante todo el camino, pero aguantaba aquello, aunque no llevaba ropa adecuada, ni siquiera un suéter. Continuamos el viaje y llegamos a nuestro destino.

Ese día lo pasamos muy bien en la playa. De pronto quise llamar a mi mamá, siempre me ha gustado estar en contacto con ella. Estuve tratando de encontrar cómo llamarla durante un buen rato. Me senté a descansar un momento y, casi de inmediato, se acercó un hombre con una canasta de frutas y una piña colada. Aquello me causó gracia y no pude evitar reír, pero también pensé que me podría ayudar, así que le pregunté si sabía de un lugar dónde hacer una llamada. Simplemente, me dijo que esperara y se fue.

Pronto estaba de vuelta con un teléfono celular en la mano que pertenecía a la persona que me había enviado las frutas. Era una niña muy ingenua, así que llamé a mi mamá desde ese teléfono y le comenté donde me encontraba. Siempre le digo, hasta este momento, con una vida derecha, dónde estoy o voy. Al finalizar mi llamada, pregunté cuánto debía, para mi sorpresa el mesero me dijo que nada.

Luego de aquel curioso evento me fui para el hotel con mi amiga. Nos limpiamos la arena y nos cambiamos. Cuando estábamos listas, se acercaron varios hombres. Solo uno de ellos me habló, era moreno y alto, me dijo que su jefe me había mandado a llamar. Por esa zona se encuentra un pueblo llamado San Carlos, que está relacionado con el narcotráfico y grupos armados. Yo era una niña que no sabía nada de esto, es probable que haya sido osada debido a mi carácter o inocencia, pero siempre lo era. Ese día no habría excepción, así que le pregunté quién era su jefe. Aquel hombre me dijo que se trataba de la persona que me había prestado su teléfono. Le seguí el juego, le di a entender que iría, pero en cuanto pude, le dije a mi amiga que corriera.

Debo decir que ese hombre me había tomado la palabra, en aquel lugar ocurre de ese modo. Nosotras corrimos y vimos una tienda de ropa con maniquíes afuera, nos hicimos pasar por un par más. Habíamos logrado camuflarnos, no nos vieron, aunque nosotras sí éramos testigos de cómo corrían. Honestamente, no sabemos cómo nos libramos aquel día de semejante persecución, pero pudimos regresar a Cali. Al llegar, retomé mi trabajo en la vitrina, aunque siempre estaba en la búsqueda de algo más.

En una ocasión, al llegar de la galería, mi compañera de vivienda, me comentó que había llamado un hombre diciendo que me necesitaba, que había dejado algo en La Perla que era muy importante para mí. Por supuesto que me extrañé, aunque decidí no prestar mucha atención y fui a visitar a mi mamá. Cuando llegué a su casa me dijo exactamente lo mismo, que un hombre había llamado diciendo que yo había dejado algo en La Perla.

Evidentemente, aquella situación me generó curiosidad. Ahora me preguntaba qué ocurría y cómo habían obtenido ese número, no había dejado ningún tipo de referencia en aquel lugar. Como es de esperar, mi mamá estaba preocupada, este hombre había llamado con mucha insistencia. Ella me pidió que resolviera aquella situación.

Ese día me quedé un rato más, mi intención era esperar y ver si volvía a comunicarse. En efecto, así fue. Hablé con un hombre que me explicó que era su jefe quien me buscaba con mucha insistencia y me invitaba a cenar. Honestamente, sentí un poco de temor, pues se trataba de un desconocido. Acepté y pedí la dirección del lugar. Me fui para allá, se trataba de una casa de familia, la persona que me buscaba no se encontraba, así que esperé. Cuando él llegó me hicieron esconder tras una cortina. Pude escuchar cuando él entró y preguntó si habían encontrado a «la caleña». Además, repetía que no podía irse sin conocerme. Notaba la emoción genuina de su voz.

Él era un moreno muy agradable, le faltaban un par de dientes, pero aun así, era muy guapo. Decidí salir porque sentía que estaba sufriendo. Su expresión fue maravillosa, me dijo que no podía creer que estaba allí, que me había buscado durante mucho tiempo, incluso llevaba la cuenta, habían pasado dieciséis días. Sin embargo, no entendía cómo me había ubicado y le pregunté, me explicó que como había llamado desde su teléfono a mi mamá y el número había quedado registrado, decidió contactarme por allí. Aunque hoy parece una tontería, en aquel entonces fue una lección para mí. Me dijo que volvería en ese momento al pueblo y me invitó a ir con él, pero no directamente a La Perla, sino a San Carlos. No lo pensé mucho y acepté.

SAN CARLOS, UN PUEBLO CON MUCHAS CARAS

No conocía mucho acerca de ese pueblo, pero me dejaron claro que «entran muchos y salen pocos». De hecho, por seguridad, es necesario ingresar con alguien del lugar. Ese pueblo se resume en dos calles largas y otra al fondo. A pesar de lo pequeño que era, en días de mercado podías tardar una hora tratando de cruzarlo. El tráfico es inclemente, apenas hay una sola vía y, aun así, el pueblo es el mayor epicentro de cultivos y procesamientos de cocaína en todo el mundo. En sus tierras crece fácilmente la planta de coca y la cosecha que se obtiene alcanza para vivir prácticamente un año. De sus cristalizadores salen toneladas de coca pura.

La ley de San Carlos es propia del lugar, consiste en que nadie roba, nadie habla de más, ni comete faltas. Se podía dejar el dinero a la vista o la moto con la llave en el cilindro y nadie asaltaba. El dinero se movía en gran cantidad, hay mucha bonanza. Aquel lugar es el paraíso para todo lo malo, era común que se produjeran enfrentamientos muy intensos.

Aquel hombre que me había estado buscando se llamaba Oswaldo. Con él conocí el pueblo y luego me llevó montaña adentro. Caminamos seis horas sin detenernos hasta llegar a su finca, tenía cultivos de hoja de coca. Mientras veíamos todo aquello, me preguntó qué deseaba hacer en la vida, le contesté que deseaba regentar una peluquería. Estaba dispuesto a darme ese regalo. Aquello era surreal, pero estaba ocurriendo.

Regresamos al pueblo y de pronto me dijo que debíamos irnos a Cali de manera urgente. Yo me iría primero, así que cuando estaba preparándome para el viaje me dio 40 millones de pesos. En aquel momento era muchísimo dinero, por eso no quise tomarlo, preferí pedirle que lo llevara él mismo a Cali y allí compráramos la peluquería. Ese día viajé, era martes y me encontraría con él el jueves. Pero no ocurrió nada de lo que habíamos planificado. Lo asesinaron por asuntos de territorio.

Antes de habernos ido a San Carlos, le había dicho a Oswaldo que quería hacer un mercado para mi mamá, él se encargó. Era una gran cantidad de comida, ese día uno de los empleados de Oswaldo ayudó a cargar las bolsas, así que conocía la casa. Cuando llegué de nuevo a Cali, me fui a trabajar. Apenas había llegado, mi mamá llamó y me dijo que tenía que ir de inmediato para su casa. Debido a la premura, así lo hice.

Aquel empleado de Oswaldo que antes estuvo en casa de mi mamá fue a dar la noticia de lo que había ocurrido. Cuando llegué, mi mamá me dio la terrible noticia. Recuerdo que estaba incrédula, fui retrocediendo y cayendo progresivamente. Aquello me impresionó mucho. Apenas reaccioné, comencé con mi insistencia de volver a ese pueblo, pero mi mamá me aconsejó que no lo hiciera, pues era muy peligroso, y tenía razón. Me controlé durante tres meses, pero luego de ese tiempo lo hice, me fui sola. Había conocido al padre de Oswaldo, así que quería ir a visitarlo y darle mi sentido pésame. Además, necesitaba saber qué había ocurrido.

PARAMILITARES, UN ESCAPE GUIADO POR LA MANO DE D-S

En aquel momento estaban de moda los pantalones con estampado de camuflaje militar y llevaba puesto uno. Al llegar a la terminal, se me acercó un hombre que me dijo: «Está muy bonito su pantalón». Miré mi ropa y ni siquiera tuve tiempo de reaccionar, de pronto estaba en un monte rodeada de hombres. No sé cuánto tiempo transcurrió, pero sí recuerdo que muchos de ellos tenían la intención de violarme. Hoy en día no sé cómo me resistí a eso, creo que D-s siempre estuvo conmigo en todo momento. No puedo describir de dónde sacaba la fuerza para no permitir que esos hombres pudieran salirse con la suya mientras yo les gritaba que no me tocaran.

Frente a mi resistencia feroz, desistieron y me llevaron a las montañas del Valle del Cauca, que es mi tierra. En la zona norte del Valle se mueve mucho el narcotráfico en sectores como Bolívar, Cartago y Tuluá. Al llegar a un campamento, aquel hombre me dijo que si no me acostaba con él, entonces debía entrenar. Me obligó a hacerlo bajo el sol y la lluvia. Eran paramilitares y pretendían incluirme en sus filas.

Un día ya no podía más, pensaba mucho en mi mamá. Ella sabía que podía estar muy enojada con ella, pero siempre me comunicaba. Habían transcurrido seis meses y tenía que salir de ahí. Poco a poco me fui relacionando de forma amistosa con unos hombres, quería ganarme su confianza. Me enfoqué en uno de ellos, se llamaba Luis. Le pedí que me ayudara a escapar porque me habían traído a la fuerza, él se impresionó, me preguntó mi edad, le dije cuántos años tenía, solo dieciséis. Él se enojó mucho y llamó a otra persona. Se trataba de uno de mis secuestradores, por lo que le advertí que ese hombre me quería violar.

Luis estaba muy molesto y comenzó a increpar al grupo, a decirles que los paramilitares no hacían eso, que en esa zona del Valle no se comportaban así. Continuó diciendo que allí se encontraba quien así lo deseaba y entrenaban por voluntad. Luego les reclamó por tenerme allí. Comenzó a discutir con aquel hombre y, de pronto, sacaron sus armas. La situación produjo que me aterrara y buscara protegerme. Fue así que decidí lanzarme por un barranco. No puedo decir durante cuánto tiempo rodé hasta llegar abajo mientras se escuchaban disparos. Finalmente me detuve, estaba ahí en el suelo y cuando miré hacia arriba, Luis me dijo que subiera porque ya no había peligro. Subí de nuevo y me dijo que no me preocupara. Había tomado una decisión que le agradezco infinitamente, me sacó de allí.

Llegamos a un lugar y me dijo que esperara allí un momento. Apenas me dejó, aparecieron otros hombres. Esa zona es realmente muy peligrosa, cuando ven a una mujer, asumen que son sus dueños. El grupo vino hacia mí y me rodeó como si yo fuera una presa. Traté de mediar, pero me ordenaron subir a la montaña con ellos, de nuevo estaba en aprietos. Justo en ese momento se escucharon disparos y, de pronto, apareció una camioneta en la que rápidamente me subieron, era Luis.

Él me pidió la dirección de mi mamá para llevarme con ella, pero le dije que prefería hablar con mi abuelo, así que lo llamamos y, una vez más, un número quedó registrado. Él insistió en llevarme donde mi mamá, así que cedí, le dije que sí. Finalmente me ayudaría a tener calma que ella supiera que estaba bien. Cuando llegué a la casa, todos lloraron, me habían buscado por infinidad de lugares, incluso en la morgue. Esa noche me quedé allí, pues Luis me había dicho que regresaría al día siguiente, y así fue.

Le expliqué que necesitaba volver a San Carlos porque habían asesinado a mi novio y quería ir para ver su tumba. Él sacó 100 000 pesos y me los entregó, se aseguró de que subiera a la flota y me fui.

LA PELUDA

Al llegar, fui a ver al padre de Oswaldo, quien me contó cómo había sucedido y me dijo el alias de quien lo había hecho y sus características físicas, e incluso el acento. Después de eso, de forma inevitable, nos abrazamos y lloramos. Luego me llevó al sitio donde reposaba su cuerpo y en ese momento enfrenté la realidad, efectivamente lo habían asesinado y estaba frente a su tumba. Decidí quedarme en ese pueblo, comencé a pensar que tenía que encontrar a su asesino. Sé que él estaba involucrado en actividades ilícitas, pero había sido muy especial. Oswaldo era un muchacho noble. De acuerdo a mis pensamientos de aquel momento, no iba a descansar hasta saber quién había acabado con su vida.

Aún me quedaba algo de dinero y me hospedé en un hotel llamado El Dorado. Esa noche salí a caminar sin un rumbo fijo y absorta en mis pensamientos. De pronto un señor me abordó y me dijo que en La Metrópolis estaban buscando muchachas para trabajar. No le presté atención, sino que seguí caminando hasta llegar a un restaurante. Allí me detuve y decidí comer algo. Llevaba un *short* y una blusa corta debido al clima, allí hace calor.

En algún momento se acercó un lotero y comenzó a decirme cosas, que yo era paisa y otras cuestiones, le dije que era de Cali, pero él insistía. Me levanté porque ya estaba saturada. Cuando me dispuse a llevar el plato, él notó que en mis brazos, piernas y el ombligo tenía vellos crecidos, así que a partir de ese momento él me bautizó «la Peluda». Si hoy en día voy caminando por la calle y alguien me llama así, sé que se trata de alguien de mi pasado. Solo en San Carlos, en ningún otro lado, me llaman de ese modo. Desde ese día fui muy popular en aquel pueblo, incluso los hombres me invitaban a bailar y me ofrecían dinero solo por eso.

Venía de un ambiente complicado, pero este lo era aún más. Un día, «la Mami», que era la encargada del restaurante, comenzó a hablar conmigo. Ella tenía tres hijas y quizás eso la llevó a empatizar. Me comentó que aquello era un pueblo de drogas, prostitutas, borrachos y traficantes, y me preguntó qué estaba haciendo allí, así que le expliqué. De inmediato me advirtió que no le dijera a nadie que yo era la pareja de Oswaldo. En medio de mi inocencia, a pesar de lo que ya había vivido, le pregunté por qué no podía hacerlo y me advirtió que podían matarme. En sus palabras, yo debía ser como Shakira, es decir, ciega, sorda y muda.

Ella agregó que me iría bien, que trabajara en lo que quisiera, pero siempre teniendo presente que la ley de aquel pueblo era la muerte. Entonces pensé que, si esa era la ley allí, estaría bien, porque nadie me fastidiaba si yo no lo hacía con otros. Esto me encantó, me sentí segura y enseguida estaba caminando empoderada por el pueblo, además, ya tenía algún dinero que había recolectado.

AMOR PLATÓNICO

Diariamente iba por mis tres comidas, así que un día me senté en la entrada con vista a la calle. De pronto vi pasar a un hombre bellísimo, alto y bien vestido. Era la primera vez que veía a un hombre tan guapo, así que me quedé perpleja. Cada vez que lo veía suspiraba, si es que existen los amores platónicos, ese fue el mío, fue mi amor inalcanzable. Después de un tiempo observándolo, aprendí su horario.

Caminaba cerca de donde sabía que él se encontraría, solo para mirarlo. Creo que él notó eso, pues si nos topábamos en la calle, me sonreía de lejos.

Yo no sabía mucho acerca de él, pero él sí había escuchado de mí y me veía como una niña. Hasta que un día lo vi en la barra, me acerqué, pedí un trago, le sonreí y le dije un piropo. Él me devolvió la sonrisa y me preguntó mi nombre, pero se refería a mi verdadero nombre, no a mi apodo en aquel lugar. Le contesté que me llamaba Anyela Viviana y le pregunté cuál era su nombre. Me respondió que el suyo era Luis Miguel. Siempre era muy amable conmigo, pero no lograba captar su atención. Además, le llovían muchas mujeres.

SENSACIÓN PREMONITORIA

Una mañana desperté desesperada, con unas ganas incontrolables de irme. Aquello resultaba extraño para mí porque, en realidad, no deseaba hacerlo, pero sentía algo que me impulsaba, era como el alma empujándome de allí. Se lo comenté a una compañera y ella me dijo que, si así lo quería, podía irme. Yo era una niña en medio de mujeres, pero no me incomodaba. Frente a lo que estaba sintiendo, decidí irme a Cali, pero cuando subí al bus, se escuchó una explosión, era una bomba. Los paramilitares habían tomado el pueblo.

Ordenaron a los habitantes que hicieran una fila en la plaza del mercado y los separaron en distintos lados. Luego pasó entre ellos una persona encapuchada que señalaba a diferentes miembros del pueblo. A un grupo le ordenaron cavar fosas y luego les dispararon en reiteradas ocasiones.

Aún puedo escuchar el sonido de las balas. Cayeron en las fosas que ellos mismos habían cavado. Aquel hombre encapuchado continuaba señalando personas, muchas de ellas desaparecieron.

Cuando la guerrilla se enteró de lo ocurrido, también intentaron recuperar el control del pueblo y los tiroteos se volvieron costumbre. Ese día recé lo que sabía y también lo que no. Aunque me reprochaba la decisión de haberme quedado, continuaba allí. Aquel día murió mucha gente, incluso niños. La ley de allá también dice que uno no puede moverse si matan a alguien al lado, tampoco gritar. Además, dejaban los cuerpos allí durante varios días y estaba prohibido recogerlos. En cuanto pude, regresé a Cali.

Tenía algo de dinero y fui en busca de mi hermano, sabía dónde estaba, le compré ropa, zapatillas y algunas cosas para mí, de ese día conservo una foto. Yo venía de atravesar por toda esa situación, pero aquella casa no era un refugio, todo estaba igual, excepto mi mamá. Ella ya tenía a los dos niños, mis hermanos menores, pero mi papá seguía bebiendo y humillándola. Su rostro expresaba un silencio desesperado, y yo podía escuchar su grito de auxilio. Había dejado de organizarse y arreglarse, había perdido su brillo. Sobre ella recaía todo el peso de la casa, mi papá se limitaba a tomar y a fumar marihuana. Aunque trataba de hacerlo discretamente, para mi hermano y para mí era evidente.

Él era pensionado y, aunque aún estaba muy joven, se limitó a vivir de eso. Mi hermano y yo le insistimos a mi mamá que nos fuéramos todos de allí, pero siempre alegó que nosotros éramos muy jóvenes y que no sabíamos mucho de la vida. Después de un par de días, decidí volver a irme porque la situación era muy complicada, el ambiente era irritable.

Ni mi hermano ni yo logramos convencer a mi mamá para que se fuera. Ella sentía tanto temor de volver a casa de mi abuela como yo de volver a la suya. Lo entendía muy bien, pero yo no podía quedarme, así que regresé a San Carlos.

POR UNA CERVEZA

Don Gus me ofreció empleo en su local, pues como era tan popular, atraía gente y eso le convenía a él. Lo que más hacía allí, era trabajar como estríper. Confieso que eso me gustaba, simplemente salía a bailar y nadie me tocaba, solo me daban mi dinero y ya. Al frente del local vendían jugos, ese lugar lo atendía una morena muy bonita y cordial. Me gustó mucho su trato y se convirtió en un hábito salir todas las mañanas a tomarme un jugo de maracuyá con leche Klim y observar el movimiento del pueblo, de este modo me daba cuenta de cómo pintaría la noche.

Al lado de este local había una joyería, de allí siempre salía al andén un hombre delgado, de cabello largo y con pinta de *rockero*. Me parecía estar viendo a mi papá, pero con cabello largo. Mientras nos deseaba un bonito día, sacaba de su bolsillo un cigarrillo y fumaba. En cuanto terminaba, volvía a entrar. Un día lo escuché cantando salsa, esto me causó gracia, no pude aguantarme y le dije que tenía pinta de todo, menos de salsero. Entonces me respondió que, en realidad, era oriundo de Cali, y fue eso lo que nos acercó. Su nombre es Jesús Antonio Cárdenas Cano, en mi casa le dicen Chucho.

Todas las casas de San Carlos son de madera porque el lugar es costero. En el pueblo cada casa tiene un pozo del que se extrae agua a través del uso de un motor. Cuando había cortes de energía se utilizaba un generador eléctrico que funcionaba con un motor a gasolina. En ese pueblo no existían antenas de servicio telefónico móvil, solo había un teléfono público de Telecom, así que para comunicarse uno podía tardar horas en una fila. Apenas había un teléfono para todo el pueblo.

Los días en los que el mercado funcionaba; es decir, viernes, sábado y domingo; era normal que el pueblo estuviera más agitado de lo usual. Un medidor para saber cómo iban a estar las finanzas durante toda la semana consistía en el proceso de observar cómo se desenvolvía esos tres días. Una de esas mañanas me levanté con muchas ganas de tomar algo diferente al jugo de maracuyá. El calor era intenso, así que cambié mi pedido por una cerveza muy fría. Otra razón para salir, además del calor y mis deseos de tomar cerveza, había sido cumplir ese trabajo de observación para poder calibrar cómo estaría el movimiento de dinero la semana siguiente.

A la derecha de la chica que me atendía se encontraba un hombre que no pudo callar ante mi pedido, dijo que yo era una niña y tenía que tomar jugo, no cerveza. Como siempre, no me quedé callada y le repliqué, a pesar de que sabía que allí cualquiera podía contestar mi atrevimiento con balas. Reafirmé mi decisión y deseo de tomar cerveza con mucha convicción, alegando que él no la pagaría, así que no era de su incumbencia.

Contrario a lo que podría considerarse la respuesta a una insolencia, él sonrió y me preguntó qué por qué estaba allí, pues aquel era un lugar peligroso. Le respondí de la misma forma: era mi problema exclusivamente, no de él.

Pero aquel hombre me respondió de una manera inesperada, me preguntó si quería ser su novia, evidentemente me pareció irrespetuoso y del mismo modo le contesté. Lo más increíble fue lo que me advirtió a continuación, me dijo que rogara a D-s para no enamorarme de él. Lo más irónico de todo es que terminé viviendo con él.

Era diferente a todos los demás y eso captaba mi ilusión de estar con él, era un hombre que no tomaba alcohol, ni fumaba, tampoco amanecía en la calle, de hecho, a las 7:00 p. m. ya estaba en casa, no era desordenado en ese sentido. Pero no todo es perfecto, tenía algo que no me gustaba, y era que cuando le preguntaba por sus aspiraciones, él se quedaba callado, solo levantaba los hombros. Contrario a mí, que siempre he soñado en grande, queriendo estudiar y tener mi propio negocio.

Utilizaba mapas, le iba mostrando a él los distintos departamentos del país. Insistía en que deseaba una pareja que aspirara a algo más, que tuviera metas. Trataba de enseñarle lo que yo sabía. Pero él quería algo muy convencional, deseaba tener hijos, específicamente, una niña, y en varias ocasiones mencionaba que yo no quería ser madre para no dañar mi cuerpo. Un poco cansada de aquello, decidí que era buen momento para visitar a mi mamá en Cali. Me dijo que fuera, pero solo por el fin de semana. Me sorprendió cuando al día siguiente lo vi en el andén.

A mi mamá le agradó, él no era un hombre malo, incluso mis hermanitos también le tomaron cariño. No pasó mucho tiempo para darme cuenta de que la actitud de mi mamá hacía mi papá había cambiado, ahora ella también le gritaba. Luego de unos días Fernando debía irse y quería que lo acompañara, pero le expliqué que las cosas no estaban bien entre mis padres y eso estaba afectando a mis hermanitos, por eso deseaba quedarme unos días más. Él aceptó mi decisión, pero me indicó que no tardara más de dos semanas y se marchó.

Un día decidí salir a bailar. Yo no iba a discotecas convencionales de público joven, sino a esas donde se baila tango, boleros y ese tipo de música. Esa noche me pareció que aquella experiencia sería interesante para mi mamá. Luego de ocho días, decidí invitarla y afortunadamente ella aceptó. Un señor se fijó en ella, no dudó en comenzar a cortejarla y en invitarla a salir. Conozco muy bien a mi mamá y sé que su decisión de acceder a salir con ese señor se debía a que realmente ya no sentía nada por mi papá y estaba aburrida de su situación conyugal, además de la falta de respeto y burla que mi papá hizo en su propia casa, habiendo otras personas presentes. Todos sabíamos que ellos estaban viviendo bajo el mismo techo, pero que todo estaba roto entre ellos.

Las discusiones entre mi papá y mi mamá comenzaron a ser más recurrentes. Ella había decidido salir en el día mientras yo me quedaba con mis hermanitos haciendo las labores del hogar. En realidad, mi mamá estaba saliendo con ese señor. Mi papá no era tonto y en algún punto comenzó a sospechar, pues ella siempre estaba en casa y ahora la situación era diferente. Así que comenzó a preguntarme y yo simplemente la excusaba, le decía que ella salía a trabajar. Sabía que se estaba sintiendo ilusionada por ese señor y no me correspondía a mí decir algo acerca de eso.

INGRATITUD

Aquellos días fueron muy complicados, pues mi papá estaba indagando con mayor intensidad si mi mamá estaba siendo infiel, pero más por ego de hombre, porque quien faltó primero fue él. Me habló de sus sospechas y pude ver en su rostro que estaba decidido a descubrirlo. Él me preguntó con insistencia, yo sabía que estaba en el río con aquel hombre, pero no me correspondía decirle que estaba saliendo con alguien. Además, ella era adulta y, por otra parte, por lo menos ella estaba respetando la casa.

Evidentemente no solo me preguntó a mí, sino a otras personas. Un día, luego de que mi mamá salió, mi papá se acercó con el mismo tema, pero esta vez alegó que tenía pruebas. Dijo que un vecino que era taxista la había visto. Por la descripción que aquel hombre había hecho, él sospechaba que se trataba de alguien cercano, ya saben que quien las hace las tiene clara. Yo sabía muy bien que no era él, así que traté de convencerlo de que estaba equivocado, sin embargo, insistía.

Lamentablemente, aquella idea se había instalado en su cabeza. Un día llegó comentando que había hablado con uno de los traficantes de la zona, para que le prestara un arma. Yo venía de un pueblo en el que se saldaban las deudas de ese modo, así que lo veía como una posibilidad real. Sumado a eso, mi papá empezó a sufrir de hematuria, es decir, había presencia de sangre en su orina. Me llamaba y me mostraba el inodoro. Todo este contexto provocó que me angustiara. Cuando mi mamá llegó, le comenté que mi papá sospechaba.

Al otro día nuevamente mi papá me comentó que estaba preocupado porque continuaba viendo sangre cuando iba al baño. Ahora que soy madre entiendo que uno no debería incluir a sus hijos en este tipo de problemas, ellos no lo saben manejar, lo sé por experiencia propia. Mi ansiedad iba en aumento, el ambiente era muy difícil. Los entendía a los dos, mi mamá esperó pacientemente durante muchos años por su cambio, sin embargo, él pensaba que todo estaba bien, porque como sea, allí estaba doña Luz.

Eran las 6:00 a. m. cuando sonó el teléfono aquel día. Fui a la sala a contestar, pero mi mamá lo hizo primero desde la habitación. Le pedí que colgara y le confirmé a ambos en ese momento que ya mi papá sabía. Además, le advertí que él estaba planificando algo como venganza. De hecho, colgué, me fui con ella a su habitación y le rogué que se fuera, sabía que corría peligro. Por supuesto, una vez más, ella se negó alegando que apenas estaba conociendo a este señor.

Dentro de mi lógica y poca experiencia, pensaba que si ella había llegado al punto de conocer a alguien, debía ir en busca de su propia felicidad. Quizás debido al ambiente en el que habitaba yo, mi pensamiento fue muy masculino. No entendía muy bien eso, hasta ese momento. Ese día ella no me escuchó y de nuevo salió con aquel hombre. En esta ocasión, mi papá me dijo que iría por el arma, no sabía qué hacer, además, él insistía con la idea de que se trataba de un conocido.

Por la noche, luego de todo un día sometida a un intenso estrés, la situación en la casa y las llamadas insistentes de Fernando haciéndome sentir mal por no regresar y el hecho de que, aunque le explicaba, él no entendía. Todo esto me generaba ansiedad. Finalmente, mi mamá llegó, pero acompañada de mi madrina y la hermana de esta. Durante horas había escuchado a mi papá planificar lo que iba a hacer, estaba realmente angustiada. En cuanto mi mamá cruzó la puerta, mi papá empezó a reclamarle.

Conociendo sus planes, le pedí a mi mamá que se fuera de la casa. Deseaba salvarla y que pudiera escapar. Desafortunadamente, ella no había presenciado la marea de la casa ese día. No sabía nada, no entendió y su respuesta fue golpearme, arrodillarse y maldecirme. Mis sentimientos navegaban entre la rabia y el dolor, no paraba de decirle que se fuera. Mi intención no era echarla, sino que no ocurriera una desgracia. Lo más irónico es que, hasta el día de hoy, la versión oficial de los hechos es que yo simplemente soy una mala hija y la eché. Aunque se me vino el mundo encima, no me arrepiento de eso, y si tuviera que volverlo hacer, lo haría sin pensarlo, porque ahora ella es libre.

Esa noche ella se fue y dejó a los niños. Yo me quedé con mi papá y al cuidado de mis hermanitos. Tomé el arma que mi papá había pedido prestada y la limpié con técnicas que había aprendido en el pueblo. La puse en una bolsa, me coloqué guantes, y se la entregué a ese señor. Le pedí que nunca más pensara en alquilarle un arma a mi papá. Después de eso, mi mamá vino a casa y solo sacó la cuna de la niña, la ropa y se fue.

Al quedarme allí, las tías de mi mamá comenzaron a decir que yo me había quedado con mi papá como si fuera mi marido. Recibía llamadas con insultos. No necesito mencionar sus nombres, ellas saben que me acusaron de algo que por mi mente no pasaba. Él se hundió más en el alcohol, yo le pedía que dejara de hacerlo porque gracias a eso mi mamá se había ido. Todos estaban contra mí, incluso mi abuela.

Fernando me preguntaba por qué no volvía y esta vez añadió que, si no regresaba, lo diera todo por perdido. Yo también llegué a increparme a mí misma, así que decidí volver, no podía negar que lo quería. Al regresar, él estaba muy enojado porque había estado todo ese tiempo en Cali. Nuestra relación evidentemente ya no tenía forma y no me quise aferrar, había aprendido a aceptar que muchas personas que quería se iban y que la vida continuaba, a mí me tocó de ese modo.

Mi nueva realidad era negra, ya no había gris. Ya he dicho que mis pensamientos eran muy masculinos, aceptando que era una mujer soltera. Respiré profundo, escuché dentro de mí todo lo que había pasado en casa y, sumado a esto, la forma en la que me recibió Fernando, a pesar de que me repetía que regresara, pero luego me dejó en la vía. Decidí pedirle trabajo a don Gus, quien me recibió muy bien nuevamente porque yo generaba muchas ganancias. Era la mujer más popular de ese pueblo. No pasaba desapercibida, hasta las señoras del pueblo me identificaban.

CANNABIS

Una noche estaba muy ansiosa y me ofrecieron algo para calmarme. Ya estaba por cumplir los dieciocho años cuando probé el cannabis por primera vez. Nunca aprendí a armar un cigarrillo de marihuana, así que busqué cómo resolver esto. Tomaba el cigarrillo, sacaba el tabaco y colocaba allí el cannabis. Tampoco fui nunca a un sitio a comprar, siempre pensé en que ante todo hay que mantenerse cuerdo en medio de tanta locura. Así que nunca me interesé por aprender armar un *blunt*.

A partir de entonces, cada mañana me levantaba y fumaba. Luego me iba a desayunar, regresaba, fumaba; salía a almorzar, regresaba y fumaba; llegaba la tarde, fumaba; después de comer, fumaba, y en la noche. Haciendo cuentas, en aquel momento podía fumarme unos doce cigarrillos de marihuana a diario. En ese pueblo no había prejuicios con el consumo, pero sí se acostumbraba a que cada quien pagara su marihuana. Eso sí, en mi caso, cuando estaba en mi trabajo de estríper, los clientes me la regalaban.

EL ZORRO

Un día estaba en mi trabajo cuando llegó un hombre al que apodaban el Zorro, no lo había visto antes, pero se me acercó para pedirme las llaves de mi cuarto. Le dije que no, pues estaba trabajando, sin embargo, insistió, así que terminé por dárselas. Él simplemente subió. Permanecería allí durante una semana.

Durante esos siete días me dijo que se suicidaría, también me contó su historia. Él había escogido a su mujer cuando esta tenía solo quince años. Debido al tema de las drogas, del dinero, el poder y las mujeres que le pasaba por la cara, ella se cansó. En ese momento tenían dos hijos y ella ya le había dicho que nunca más volvería con él. Por esa razón, decía que se iba a suicidar. Yo trataba de aconsejarle que hablara con ella, pero me respondía que ella no quería.

El Zorro escuchaba todos los días, a toda hora y en todo momento, la canción de vallenato *Paro de mi corazón*. Me preocupaba por él, le llevaba comida y ropa, pues él ya no tenía dinero porque se lo había gastado en alcohol y no deseaba volver a casa porque recibía un trato muy duro por parte de su mujer. El Zorro tenía una moto y yo sabía que estaba en el bar. Todos los días bajaba a trabajar, y él se quedaba en mi pieza. Luego de terminar mi turno, subía y puedo asegurar que ese hombre jamás me tocó, solo deseaba hablar y desahogarse. Admito que, pese a todo, siempre he sido experta escuchando y muy buena consejera, aunque cargue mis propios problemas.

Sabía muy bien dónde se encontraba la moto, por casualidad, vi cuando el dueño la escondió y la guardó en un cuarto. Esto sería capital para lo que ocurriría más adelante.

Un día, el Zorro me dijo que buscara a un caqueteño que se llamaba John, aunque traté de ubicarlo, este no estaba en el pueblo. Por ello, regresé y le comenté que no estaba, sabía que lo requería con urgencia. Entonces me dio instrucciones, dijo que se suicidaría y que si no alcanzaba a hablar con John, yo le explicara lo que había ocurrido. Honestamente, nunca tomé en serio sus amenazas, no lo creía capaz de eso. Un día, caminando por el pueblo, vi a John y le expliqué lo que estaba sucediendo, él me dijo que subiera a su carro y llegamos a mi pieza. Yo me quedé abajo para que ellos hablaran con comodidad. Cuando John bajó me dijo: «Peluda, ahí te lo recomiendo».

Una mañana, me tomó de la mano y me dijo que donde quiera que él estuviese, nunca me faltaría nada, que me iba a ir bien en la vida y que ya era hora de que él se despidiera de la suya. Me dio un cálido abrazo, tomó el arma, que siempre estaba al lado de mis lociones y cremas, y salió. En ese momento, llegó un trabajador de Emin un cliente y me mandó a llamar. Cuando bajé, me indicó dónde estaba su jefe y justo en ese lugar se encontraba sentado el Zorro, tomando una botella de *whisky*.

Cuando entré al salón, él volteó y me observó, entonces Emin me preguntó que qué íbamos a hacer, refiriéndose a una salida fuera del bar. Le dije que era mi deber avisar que iba a estar de multa. Al salir, el Zorro, una vez más, volteó y me miró de una forma que nunca olvidaré. Ahora sé que en ese momento se despidió finalmente. Me fui y cuando iba subiendo las gradas, escuché un ruido que no me habría gustado escuchar, se trataba de un disparo. El Zorro se había tomado la botella de *whisky* y luego se había disparado en la cabeza, por supuesto, no quería hacerlo frente a mí.

Corrí de vuelta, lo primero que se había cruzado por mi mente era el Zorro. Al bajar, una compañera de trabajo llamada Ginette me tomó y me dijo que a él no le gustaría que lo viera así. En ese momento fui presa de una gran desesperación, había compartido con él durante días, lo había escuchado y nunca se había propasado conmigo. Tanto Emin como Ginette me sujetaban y me pedían que no lo viera. Luego, otras personas lo arrastraron, pude ver su camisa color celeste, lo montaron en una camioneta, pero ya estaba muerto.

Aquellos días fueron un revuelo total mientras sus pertenencias aún estaban en mi habitación. Además, sabía que la moto se encontraba en el bar. Esto me conducía a ir todos los días en busca de John para avisarle que la moto estaba allí. Ciertamente me parecía muy deshonesto que el dueño la escondiera. Sin embargo, John en ese momento no se encontraba en el pueblo. Tomé la decisión de dejarle un recado con uno de los muchachos que era cercano a él. Le dije que el Zorro estuvo en mi pieza todos esos días y que necesitaba hablar con él. Sin embargo, John sabía esto porque había ido al bar un día y habían hablado en privado.

Finalmente, John llegó preguntándome qué ocurría. Le expliqué que don Gus había guardado la moto y que aunque el Zorro debía dinero, no era tanto como para cobrarse con ella. Luego me comentó que debía hablar con la viuda, no vi problema, pues no tenía nada que ocultar, podía sostener que la moto se encontraba allí y que él nunca me tocó. Cuando vino con ella, la mujer me insultó de inmediato, la dejé hablar por largo rato, al fin y al cabo, entendía su dolor y sabía cómo la había tratado su marido a través de sus propias palabras y más en el lugar que me encontraba.

Al final, solo dije que allí estaba la moto que, de acuerdo a mi percepción, debía ser para ella y sus hijos. Le expliqué que por esa razón la había mandado a llamar. Además, agregué que, aunque él estuvo allí tomando, nunca me había tocado y siempre dijo que se suicidaría porque ella lo había dejado, había asumido su culpa. Después me dijo que sacaría el vehículo de allí, pero que me había *mordido el perro*. Le contesté que no lo sentía así porque él no me tocó, que tampoco necesitaba dinero, que sacara la moto y se fuera.

Ella quedó aterrada de que yo no le temiera porque en ese pueblo las mujeres acostumbran a echar ácido sobre otras. Por mi parte, simplemente le respondí conforme lo sucedido, no tenía ningún tipo de temor porque no había tenido ninguna relación con el Zorro, más allá de ser una amiga en sus días finales. Pero confieso que apenas la veía, me escondía, sentía que podía matarme. Esta situación de tensión se sumó a todo lo que ya me estaba ocurriendo en mi vida, se había gestado la tormenta perfecta. Comencé a consumir cocaína.

BLANCA PARANOIA

Era común que tomara y llorara mucho. Un día, un cliente me dijo que era muy temprano y que había entrado plata al pueblo, que seguramente ese día iba a ser productivo para mí, pero que estaba tomando muy ligero, así me dio un pase. Me regaló una bolsita, la destapé y vi que era una roca. Se trataba de cocaína pura, directo del laboratorio. Utilizaba una llave para consumirla.

En las primeras ocasiones, esta sustancia me ocasionaba unas ganas incontrolables de ir al baño, por eso necesitaba estar cerca de uno cuando lo hacía. Mantenía la bolsita entre mis senos, siempre cerca. Con frecuencia, mi hermana me comenta que le encanta mi nariz. Irónicamente esto representa una cachetada profunda para mí. La forma actual que tiene se debe a mi consumo durante tanto tiempo. Sé muy bien por qué tengo este particular pliegue que tanto le agrada, es una muestra de vergüenza infinita.

Mi rutina consistía en levantarme, fumar; irme a almorzar, de nuevo fumar, alrededor de las 3:00 o 4:00 p. m. comía de nuevo, era mi cena, pues en ese entonces lo hacía más temprano. La cena representaba el portal diario, a partir de ese momento, consumía cocaína y lo hacía durante toda la noche. Por supuesto, los efectos pasaban factura, así que era atacada por la paranoia de que la mujer del Zorro me iba a asesinar.

Comenzaba a llorar por los conflictos con mi mamá, por mi abuela, por Marroquín, lloraba por casi todo. Había entrado en un agujero negro. Prácticamente ya no estaba trabajando, solo estaba en el sitio, el único lugar que tenía seguro. Me limitaba a bajar, bailar mi *show* de estríper y a contar con la seguridad de que ya tenía mi dinero. No me gustaba blanquearme, es decir, amanecer sin haber producido en la noche. Por aquellos días se puede decir que iba a todas las fiestas porque ya consumía. Incluso las que podríamos llamar de grandes ligas. Allí conocí a un traficante llamado Lobo Marino y a gente muy poderosa.

Una vez, uno de los guardias casi me dispara. Me acerqué, lo toqué y me apuntó. Le dije que era yo, pero ellos consumían y también se volvían paranoicos. Me dijo que cuando me fuera acercando, lo llamara y así evitaríamos una tragedia.

Me gané la confianza de ellos, de manera tal, que en varias ocasiones me dejaban al cuidado del dinero, yo lo guardaba. Siempre estaba en lo mío y no pensaba en otra cosa, además, no tenía necesidad de robar. Ellos tenían una forma de probar si una persona era confiable. Fingían estar ebrios y me permitían estar sola con una gran cantidad de dinero y se iban. Pero antes de que se retiraran solo les pedía que me dejaran un cigarrillo de marihuana y una roca. También me dejaban comida y bebidas energéticas. Me limitaba a cocinar para todos, a pasear y a consumir lo mío, pero nunca tomaba nada de allí. Fue así como comenzaron a llevarme a todas partes, decían que yo era todoterreno.

Una vez duramos una semana entera tomando, veíamos el sol en la mañana cuando íbamos a sacar toda la basura de la rumba nocturna. Cuando volvíamos a abrir, ya era de noche y alguien salía a comprar licor y comida. Cuando paramos de tomar uno de ellos preguntó: «¿Qué día es hoy?». Le contesté que era martes. Entonces hizo otra pregunta: «¿Qué fecha?». Era 15 de diciembre y así se lo hice saber. Entonces dijo: «Cumplí años hace dos días». Le respondí: «Mucha la momia. Despierte momia». Y así fue como nació esa frase. En plena farra.

Otro día estaba en una finca fumando y observé que uno de los muchachos estaba preparando un cigarrillo, pero le había puesto un polvo. Me ofreció y le dije que estaba todo bien y que yo pasaba. Hay cosas que uno sabe controlar y otras que no, siempre debemos ponernos límites. Justamente eso me hizo acordar de Marina y sus palabras volvieron a mí, medité un poco en lo que estaba haciendo con mi vida en ese momento y sentí que debía frenarme o me iba a deslizar por la carretera.

Decidí que era momento de visitar a mi papá. Pensaba muchísimo en él, también en mi mamá y mis hermanitos, pero él estaba solo y, a pesar de todo, lo quiero mucho y me dolía saber que estaba viviendo su proceso en completa soledad y podía estar preso en lo mismo que yo estaba sumergida.

Le mencioné a uno de los muchachos que quería ir a Cali, él me dijo que por la madrugada salía para allá. Así que coordinamos y pasó por mí, pero cuando llegó yo estaba tomada y no quise viajar así. Antes de llegar a Cali lo mataron, dejaron el carro como un colador, ninguno de los que iba a bordo de ese vehículo se salvó.

Le pedía a don Gus que me guardara el dinero. Ese día le pedí que me cuadrara mi trabajo y las fichas, pero no lo hizo. Se fue para Cali y dejó a su esposa al mando del sitio. Luego le pusieron llave a la puerta y no me dejaban salir, un día logré salir como pude, fui en busca de gente poderosa que controla el pueblo, pidiendo ayuda para recuperar, al menos, mis pertenencias y le conté a Jesús Antonio lo que estaba pasando. Él me ayudó a enfrentar a esa gente y sacar mi ropa. Don Gus nunca me dio la cara y se quedó con todo mi dinero.

Decidí regresar a Cali para darle una vuelta a mi papá. Aquello resultó peor. Mi mamá se enteró y, por supuesto, toda la familia. Nadie me hablaba, pero a pesar de todo, me interesaba saber de mi familia. Me sentía muy mal con aquella situación y, además, nunca he sido persona de hacer muchas amistades. En aquel tiempo existía una emisora que se llamaba Tropicana cuyo eslogan era «La más bacana». Allí transmitían un programa que se llamaba *Almohadas y audífonos*. Tenían una dinámica que consistía en llamar para hacer amigos. Me atreví a hacerlo y dejé mi número de teléfono.

Recibí una llamada, no sé bien por qué contesté el teléfono, en ese momento me sentía devastada. La persona que llamaba habló de forma muy calmada, escuchó que mi voz reflejaba tristeza y me preguntó si estaba bien. Comentó que se comunicaba porque alguien llamó diciendo que quería hacer amigos y él también. Al escucharme tan triste, preguntó si podría volver a comunicarse después, pero le dije que no. Luego preguntó si yo deseaba que él se quedara al teléfono, contesté que sí y comencé a llorar por mucho rato.

Luego de unos veinte minutos de escucharme llorar, me dijo que colgaría la llamada, se bañaría y quería que yo hiciera lo mismo; me llamaría de vuelta en una hora. Así lo hicimos. Cuando volvimos a hablar, me dijo que vivía en Ciudad Córdoba, era cerca de mi casa en San Judas y se lo comenté. Nos pusimos de acuerdo para vernos ese mismo día y nos conocimos en un Café Internet en Puerto Rellena. Se trata de mi amigo Edward, amistad que aún conservo.

Es un muchacho muy bien educado que estudiaba Biología Marina y en ese momento estaba de vacaciones. Por casualidad escogió, entre todas las opciones, mi número. Esto fue una diosidencia, no fue casual. Le conté que estaba llorando por la separación de mis padres, y decidimos ir a casa de mi papá porque él había llevado una película y queríamos verla.

La amistad con Edward le venía muy bien a mi vida. Por aquellos días mi papá cumplió años y le organicé una fiesta de cumpleaños, mi amigo Jesús Antonio estaba en esos días por Cali, así que lo invité. Edward me ayudó con todo y lo pasamos muy bien. Lastimosamente, mi papá seguía bebiendo, aunque yo estaba haciendo lo propio para que saliera adelante y recuperara a mi mamá. Mi tío Alfonso, el hermano de mi mamá, llegó a la casa a patearme, pero mi papá y Edward me defendieron.

MENTE BLANCA

Estaba inmersa en un círculo oscuro, pero puedo decir con certeza que mi mente estaba blanca, no en blanco. A pesar de todo, estaba totalmente cuerda, no me dejaba caer. Tampoco permití que el vicio me absorbiera. Cuando viajaba a Cali, aunque suene irónico, cuidaba mi imagen. Además, no quería que mi mamá se diera cuenta, era suficiente con el daño que había sufrido la relación entre nosotras. Considero que la mente es el campo sobre el que uno gana o pierde. Es necesario entrenar la mente mucho más de lo que lo hacemos con nuestro cuerpo.

Aunque la situación era tan tensa, siempre quise que mi familia estuviera unida. Sé que mi mamá hizo lo propio con las herramientas que tenía a mano y también sé que esas son las materias que yo inscribí. Era lo que necesitaba aprender y no había una mejor maestra que ella. Necesitaba de alguien que tuviera ese vacío y lo proyectara en mí para poder instruirme. Además, no debemos olvidar que tanto maestros como alumnos siempre se están educando, uno nunca termina de aprender.

Capítulo 4

MIS PRIMERAS HUELLAS: 19 A 21 AÑOS

Un bebé es la opinión de Dios diciendo que la vida debe continuar.

Carl Sandburg

Una vez más, regresé al pueblo. En esa ocasión a la primera persona que vi fue a Luis Miguel. Obviamente, había crecido un poco más, ya no era una niña, aunque sí estaba muy joven aún, pero eso fue suficiente. Mi amor platónico pasó a volverse realidad. Comenzamos a tener encuentros esporádicos.

UNA SEGUNDA OPORTUNIDAD

Fernando volvió a acercarse a mí, me pidió hablar para arreglar las cosas. Volvimos a estar juntos, a pesar de ser una relación tóxica. Conseguí trabajo atendiendo una barra. Justo al lado, una amiga de la esposa del Zorro había abierto una licorería y siempre estaba en su local. Yo me limitaba a atender a la clientela, pero confieso que tenía miedo.

Un día, una amiga de esta mujer entró y me dijo que la esposa del Zorro me necesitaba. Por supuesto, no quería salir, alegaba que no tenía nada que hablar con ella. La mujer insistió, me decía que realmente necesitaba hablar conmigo porque yo había sido la última persona que estuvo con el Zorro. Finalmente, acepté.

Llegué al lugar y me mandaron a sentar, lo hice, pero sin darle la espalda. Entonces me pidió que le contara todo. Estuve allí unas dos o tres horas contestando sus preguntas, ni siquiera sé quién atendió la barra durante ese lapso de tiempo. Ella concluyó agradeciendo y, de inmediato, rompió en llanto mientras tomaba un trago. Al levantarme para irme le pedí que no me contactara más, pues para mí era muy difícil recordar todo aquello. No había tenido nada con él, pero me dijo lo que haría y eso me dolía porque no pude hacer nada para salvarlo.

Al regresar a la barra, la cerré, no me sentía capaz de atenderla ese día. Lo que habíamos conversado había sido tan fuerte que en ese momento llegó alguien con cocaína y consumí. Fernando llegó en ese momento y me regañó, se enojó muchísimo y me dijo que le iba a contar a mi mamá. Le supliqué que no lo hiciera y me dijo que al día siguiente nos iríamos de ese pueblo. Así fue, nos fuimos para el Putumayo. Allá me cedularon, un trámite pendiente. Pasó poco tiempo para que regresáramos de nuevo al pueblo.

Todo marchaba muy bien, había conseguido un trabajo que consistía en administrar una cervecería a un señor del pueblo. Para llegar, alquilaba una moto y me iba a trabajar por la mañana, antes de las 10:00 a. m., pues ya esa hora era tarde para abrir el local. Regresaba a casa alrededor de las 3:00 a. m. Debido a este horario, Fernando me llevaba el almuerzo y comíamos juntos en la cervecería.

Un día olvidé algo en casa, así que tuve que regresar. Al llegar, vi a una mujer morena con un bebé muy pequeño en brazos. Entré y la miré fijamente, Fernando, al percatarse de que me encontraba allí, quiso sacarme de la habitación. Aunque honestamente no le presté demasiada atención al asunto, me pareció que solo era una muchacha con un bebé. Me fui, pero sentí que ella se quedó observándome.

Cuando encendí de nuevo la moto, volteé a mirar, pero antes de irme llamé a Fernando para que se acercara. Cuando estuvo frente a mí le pregunté por esa chica. Él solo contestó que estaba buscando a uno de los muchachos de allí y ya lo estaban llamando. Me pareció normal, así que me fui tranquila. Sin embargo, en realidad, ella se quedó en mi mente. Además, en el pueblo se decía que él tenía hijos, pero yo no sabía absolutamente nada de esto. Debo decir que le creía porque no encontraba razones para no hacerlo, él era un hombre tranquilo, no salía a la calle ni nada por el estilo, sino que siempre estaba entre su trabajo y la casa.

Sin embargo, ya la semilla había sido sembrada. Al llegar a mi trabajo me topé con una muchacha a la que apodaban la Gringa. No desperdicié la oportunidad para preguntarle si Fernando tenía hijos, pues ella lo conocía desde hacía tiempo. Su respuesta consistió en otra pregunta, quizás retórica, dijo que si yo no sabía que él tenía hijos. Evidentemente le respondí que él negaba esas afirmaciones. Entonces me respondió que si así lo deseaba, ella podía ir conmigo a La Perla, un lugar que ya he mencionado varias veces y se encuentra a una hora de San Carlos. Quería hacerlo, así que le comenté que se acercaba mi cumpleaños y que esa sería la excusa perfecta, que le pediría a él ese viaje y la invitaría a ella. Eso pactamos ambas.

UN INDESEADO REGALO DE CUMPLEAÑOS

Tal como habíamos pactado, le pedí el viaje a Fernando. Justo ese día él tenía que trasladar un alijo de drogas de San Carlos hasta La Perla. Para lograrlo, le pedí que me lo enrollara en el cuerpo, encima me puse una sudadera y un buzo como si estuviera embarazada, y me fui en un taxi porque resultaba mejor de esa manera. En el camino nos topamos con tráfico pesado, había mucha cola y la policía me detuvo. Me interrogaron y simplemente dije que iba al hospital porque estaba embarazada. Al verme así, no lo dudaron y me dejaron pasar.

Al llegar a La Perla, la Gringa me recogió en la parada de taxis y me propuso ir al lugar de inmediato. Cuando llegamos, nos encontramos a una señora muy adulta con un niño. No quise desaprovechar el momento y comencé a decirle que el niño era muy bonito y que si me dejaba verlo bien. Quería mirarlo con detalle y descubrir algún parecido físico con Fernando. La señora me permitió acercarme y descubrí que así era, de hecho, es el mismo rostro de mi hijo, solo que más moreno.

Ese fue mi regalo de cumpleaños, descubrir la verdad. Salimos de allí, pero antes le dije a la Gringa que le preguntara por el papá del niño. Así lo hizo y apenas al mencionar su nombre, aquella mujer soltó cualquier cantidad de insultos y agregó que no ayudaba de ninguna manera en su crianza.

Nos fuimos a la playa y tuve que actuar con normalidad, pues no podía delatar a la Gringa. Cuando estábamos partiendo el pastel, ella me comentó que él tenía un hijo más, pero este se encontraba allí mismo, en San Carlos y me recordó que la ley del pueblo implica callar. No podía creerlo, pensé que en San Carlos había muchos hombres buenos y yo había escogido a este, uno que me mentía y me engañaba ocultándome hijos, a pesar de que en medio de todo siempre le hablaba claro. Cuando comenzamos la relación, dormíamos en una estera mientras yo tenía muchos pretendientes a los que no prestaba atención porque quería estar con alguien diferente.

A estas alturas, ya quería llegar al pueblo para terminar de descubrir la verdad. Cuando llegué, fui y busqué a Carmen, que era una de las mujeres de los compañeros de trabajo de

Fernando. Le dije que necesitaba saber si sabía dónde estaba el hijo de Fernando. Ella de inmediato me comentó que tenía un niño y me describió con quien. En aquel instante pensé que se buscaba a las más tontas y yo estaba entre ellas. El siguiente paso fue alquilar la moto e irme a donde ella vivía la muchacha y entonces lo constaté. Fernando siempre negó todo, pero ya estaba segura de la verdad.

UNA PRIMERA COMUNIÓN REVELADORA

En esos días llamé a mi mamá, conversamos un poco y me comentó que mi hermanito haría la primera comunión. Por supuesto que quería ir, así que le pregunté y me dijo que efectivamente podía asistir. Le comenté a Fernando y me dijo que no había ningún problema con que asistiera, pero también me pidió que estuviese en Cali durante un mes porque él entraría a trabajar en la finca y no quería que estuviese sola.

Él me había dicho un día, con una estampita católica en las manos, que estaba orando para que tuviéramos una niña, Pensé que cuando regresara, íbamos a tener a nuestro bebé, de hecho, le comenté que cuando volviera iríamos al médico para ver qué ocurría.

Al llegar a Cali ya era mediodía, la fiesta era por la noche. Dejé mi maleta, saludé a quienes se encontraban en casa en ese momento. Mi mamá no estaba, se encontraba en la peluquería. Yo hice lo mismo, salí y me compré una extensión para el cabello. Era una larga cola crespa y roja, así que me lo tinturé del mismo color. Al regresar, el ambiente estaba bastante tenso debido a lo que había ocurrido.

Las cosas habían cambiado, el jefe de la casa era la pareja de mi mamá en aquel entonces. Había llegado a un lugar en el que yo era un gatito entre muchas fieras, me encontraba en territorio de depredadores. Estaba sola, vulnerable y en el punto de mira de toda la familia. Solo logré tomarme una foto con mi hermano, lo abracé con mucho cariño y pude notar su alegría, algo muy reconfortante para mí. Luego de eso, solo tomé dos tragos que serían suficientes para embriagarme. No entendía cómo había ocurrido, pues venía de un pueblo en el que bebíamos durante días.

Al otro día me levanté y quise hacer un caldo para mi resaca. Tenía unos malestares que nunca antes sentí. Cualquier cosa que comía me provocaba náuseas y vómito. Llegó un punto en el que no pude seguir preparando aquella sopa y decidí irme a bailar a la que llamo «la viejoteca», aquel lugar en el que mi mamá había sido cortejada. Simplemente almorcé y me fui, me pasé toda la tarde bailando con José Cardona. Sin embargo, no me sentía yo misma. Ese lugar estaba abierto de 2:00 p. m. a 11:00 p. m. Al regresar a casa, nadie hablaba ni me decía algo. El marido de mi mamá no me maltrató ni nada, su comportamiento fue normal. Y en cuanto a mi mamá, ella no suele hablar mucho, salvo cuando está molesta. De todas formas, se dirigía a mí para cuestiones muy puntuales.

UN EMBARAZO DESEADO, PERO INOPORTUNO

Habían transcurrido tres semanas desde que estaba allí cuando llegó mi tía Fabiola. Ese día fui al baño y justo vi mis toallas sanitarias. Recordé que no las había usado y me pregunté qué había ocurrido con mi periodo. No había caído en cuenta de ello. Casualmente, mi mamá y yo teníamos un ritmo parecido con el tema de la menstruación, así que le pregunté si ya lo había tenido, me contestó que sí. De inmediato volteé a mirar a mi tía y le dije que estaba embarazada.

Mi tía estaba muy emocionada, al contrario, mi mamá me interpeló y me pidió explicaciones. Le dije que mi periodo era muy exacto y no había usado mis toallas. Ella comentó que al otro día temprano me llevaría al hospital para que me hicieran un aborto porque seguramente ni sabía quién era el padre. Reaccioné de forma muy impulsiva y no me arrepiento, le dije que las prostitutas siempre llevaban preservativos y sabía muy bien quién era el padre de mi hijo, acto seguido, mencioné su nombre: Fernando.

Así que me negué a que me llevara al hospital, ella insistió, empezó a golpearme y, por primera vez, le levanté la mano. Su respuesta fue, una vez más, arrodillarse y maldecirme. Me iba a agredir nuevamente, pero yo usaba extensiones y ese día tenía una cola, se quedó con ella en la mano, lo que me dio tiempo para salir corriendo. Pensé que de algo me había servido tener ese cabello y me fui riendo. Mi tía Fabi iba detrás de mí y tuvimos que parar porque la risa no nos dejaba.

En ese momento no tenía un peso. Mi tía, que siempre quería ayudarme, me dijo que tomara mi maleta y nos fuéramos. Sin embargo, le dije que necesitaba irme al pueblo y para ello requería algo de dinero. Ella acababa de hacer un pago grande y no contaba con el capital para ayudarme, así que me invitó a quedarme en su casa. Mientras todo esto ocurría, llamaba a Fernando, pero para mi pesar, él no me contestaba. Frente a la duda de un muy probable embarazo, mi tía me llevó para que me hicieran la prueba y comprobamos que efectivamente estaba embarazada.

Decidí ir por la ayuda de mi hermano Abraham, pero me dijo que no tenía dinero. Su relación con mi mamá era muy buena y, en ese momento, por todo lo sucedido, yo era una arpía. Salí de allí pensando en una solución y me senté a tomar un jugo en el puesto de un amigo de él, «el Zarco». Me atreví a pedirle fondos para volver a San Carlos y él me comentó que tenía un dinero de mi hermano. Con mucha pena, le expliqué que él me lo había negado. Entonces dijo que me prestaría, y pensé que así sería, pero cuando fui a despedirme de mi hermano, me recibió de forma violenta, sacó una navaja y se me abalanzó con ella, me golpeó una y otra vez.

La mujer, que él tenía, poco pudo hacer, mi tía, como pudo entró al escuchar los gritos y le dijo: «¿Qué haces?, ¿no ves que está embarazada?». Ella se paró delante de mí y me sacó de allí como pudo. Me temblaba el cuerpo, incluso el vientre, de tal manera que mi tía no podía controlarme, solo me decía que respirara y caminara, quería salir de Cali. Sentía que, aunque esa era mi tierra, no me acogía bien en ella. El Zarco me había dado dinero de mi hermano perteneciente a las drogas, algo que no se debe descompletar. Por supuesto, yo no lo sabía.

Finalmente, volví a San Carlos. Al llegar a casa, Fernando le había cambiado el cilindro a la puerta. Una vez más, estaba en la calle. Lo fui a buscar al lugar donde pensé que lo encontraría, pero no tuve éxito. Decidí dejarle un mensaje con su jefe. Le dije que estaba embarazada y que necesitaba verlo para hablar con él. Cuando salió, me increpó, decía que no entendía cómo era posible que había estado un mes en Cali y estuviese embarazada. Entonces me pidió lo mismo que mi mamá, que abortara. Le contesté de inmediato que mejor permaneciera en silencio, que no se atreviera a decirme nada, que ya había tenido suficiente.

Los siguientes días fueron amargos, tanto, que una vez él se sentó en la cama y yo me arrodillé, lloré muchísimo y le dije: «Algún día estas lágrimas serán bálsamo para mí, pero para usted será distinto». Me dejó sola, mi alimentación era deficiente, no contaba con las vitaminas necesarias. Debido a esto, el embarazo se complicó y un médico me recomendó que me fuera de allí porque no había un hospital equipado para atenderme si llegaba a complicarme.

Pese a que no hablaba con las mujeres del pueblo, una de ellas se acercó a mí y me dijo que le comprara su negocio, agregó que sabía que yo era una mujer muy capaz. Aquella oferta era muy buena, pero no tenía dinero para hacerlo y se lo hice saber. A ella no le importó, su oferta consistía en que se lo fuera pagando poco a poco. Era un negocio de video. Mientras estuve allí, siempre mantuve contacto con Edward en todo momento, lo llamé y le pedí que me enviara películas desde Cali, así lo hizo.

UNA IDEA ROBADA

Para esa época llegó la torre de telefonía celular. Unos días antes ya había notado que los teléfonos celulares entrarían al pueblo. Por eso, había hablado con un señor de Marquetalia, para asociarnos. Le expliqué que allí nadie tenía celulares, así que era un negocio en terreno fértil y sin competencia.

Le describí todo lo que podíamos hacer. Pero una vez más, la naturaleza humana de algunas personas me demostraba que no podía confiar en todos. A los tres días había abierto un negocio basado en todo lo que le había dicho. Tomó mi idea y la ejecutó por su cuenta.

Cuando lo supe, fui hasta allá y le pedí que me ayudara, a fin de cuentas, la idea era mía. Sin pensarlo, me entregó accesorios de celulares para vender en el local. Además de ser un local comercial, era mi casa. Había conseguido una cama y dormía allí, el problema es que no tenía dónde bañarme. Para eso iba a casa de Higuita o a algún otro lugar donde pudiera asearme. En algunas ocasiones no podía filtrar el aljibe, así que recogía agua en bolsas y con eso me aseaba.

En aquel momento había una señora paisa que era tartamuda y estaba recién llegada al pueblo. Debido a esto, nadie le hablaba, salvo yo. Un día me dijo que ella me podía llevar el almuerzo, así comenzó a hacerlo. Aunque estaba sola y Fernando no quería nada conmigo, tenía a mi bebé. De su existencia en mi vientre sacaba mis fuerzas. Le hablaba y le pedía que se aferrara a la vida, él tenía que nacer. Siempre le dije que lo protegería.

Durante todo mi embarazo, a Fernando le fue bien. Todo lo que no hacía y pasaba cuando estábamos juntos, comenzó a sucederle. Siempre me llegaban noticias de todo. Así que un día fui a pedirle ayuda para que lavara el aljibe, él sabía hacerlo y así tendría un baño a mi disposición. Me dijo que en un rato iría, pero solo lo vi pasar en un taxi. Esto solo ocurre cuando uno va para Cali, es uno de los medios de transporte más comunes para hacerlo. Esa fue la última vez que tuve contacto visual con él durante mucho tiempo. Luis Miguel me pasó las llaves de su casa para poder asearme.

DE LA MUERTE AL CALVARIO

En ese entonces, asistía a mis controles, pero me sentía muy mal. De pronto, de forma completamente inesperada, me dijeron que a la mujer del Patu se la habían llevado de emergencia, que había fallecido y que venían por mí. A partir de ese momento, comenzaron a decir que yo la había asesinado. Esto me tomó por sorpresa, era la mujer de un paramilitar, así que sabía muy bien de lo que era capaz. Decidí ir a la policía y denunciar la situación, advertí que si algo me ocurría, se debía a eso y dejé los datos de mi familia.

Llamé a mi mamá y le conté lo sucedido. Descubrí que Fernando se encontraba en casa de mi mamá. Allí había estado durante todo ese tiempo, ella lo había recibido. Hablé con él para informarle lo que ocurría. Debo decir que él sabía muy bien quién era el Patu y quién era yo. Se solidarizó conmigo, me conocía. Me pidió que no saliera de la casa, decidió regresar de inmediato. Agregó que ni me asomara porque irían por mí.

Fernando llegó a San Carlos, tal como había dicho, directo al local, y me pidió que le explicara. Le dije todo, ni siquiera la conocía bien ni tenía motivos, apenas la vi una vez. Él me tomó la mano y me hizo saber que sabía que yo no tenía nada que ver, sin embargo, repitió que me fuera del pueblo porque irían por mí. Se fue directo al monte a buscar al Patu.

Ya Higuita, mi amigo, me había advertido que estuviera atenta porque unos hombres en moto me estaban buscando. Por eso me había resguardado con anterioridad.

Una vez que la enterraron, comenzaron a llevarse a varios habitantes del pueblo y aparecían muertos. Fernando siempre me mantenía al tanto e insistía en que no saliera porque la situación estaba complicada. Un día, Fernando llegó al local y me explicó la situación. Una persona del pueblo me estaba acusando y el Patu iba en camino, desde La Perla, para tomar el pueblo y sacar a esa persona que me estaba señalando.

Así ocurrió, lo sacaron y de un solo puñetazo le sacaron los dientes. El hombre, que era bastante mayor, me miraba y decía que yo no había sido. Lo golpeaban una y otra vez, pero él insistía en la idea de que yo no era la culpable. Descargaron su rabia e impotencia con ese señor delante de mí, esperaban que me quebrara y asumiera la culpa de algo que no había hecho. Este hombre decía, ella no fue, ella no fue, ella no fue, querían un culpable, pero yo no lo era. Él, con su mirada, me daba a entender que no importaban los golpes porque la verdad era la verdad, y esa verdad consistía en que yo no fui la responsable de ello. Nunca supe si él murió.

La siguiente en la lista del Patu era yo, pero Fernando se interpuso, se paró firme y dijo que cómo iban a cuadrar eso, agregó que si lo deseaba nos asesinaran por la espalda. Me tomó de la mano y me dijo que no mirara atrás. Simplemente, avanzamos en medio de un gran temor.

Al llegar a un lugar seguro, llamó a mi mamá y le pidió que me recibiera, que él iría en Navidades, ya era casi diciembre. Llegamos, abrió mi armario y lo que sacó de ropa, lo metió en una maleta y me montó en un taxi. Él se quedó con el local. Entonces mi ruta estaba trazada, de la muerte directo al infierno.

ÁNGELES EN EL CALVARIO

Cuando llegué a Cali sentía un ardor en el rostro, no deseaba estar allí. Mi mamá me recibió, pero ignorando mi barriga de embarazo, de hecho, nadie tocó mi barriga, salvo mi tía Fabiola.

Mi amigo Edward, el que conocí a través de la emisora, me llamó para saludarme y pedirme que me cuidara. Justo en ese momento venía de un funeral de un bebé. Su impresión era inmensa y así me lo quiso transmitir. Además, agregó que me presentaría al tío de aquella criatura. Una vez me había pedido el favor de que lo recibiera en San Carlos, aunque nunca llegó. Su nombre era Carlos Alberto.

Carlos Alberto me llamó, hablábamos solo de trivialidades, sobre todo de salsa, en especial el Grupo Niche. No más de eso. Estaba muy triste por la muerte de su sobrino y no deseaba que siquiera se lo mencionaran. De hecho, aquella era una oportunidad para salir de toda esa nube gris que lo rodeaba.

Un día, mi mamá mencionó que era momento de organizar mi *baby shower*. Sin embargo, no me interesaba una fiesta. Mi mente estaba enfocada en que Fernando llegaría para Navidad y me iría con él. Pero en casa, una fiesta siempre es buena y mi mamá impuso su idea. Frente a lo inevitable, al menos quise invitar a mis amigos Jesús Antonio, José Cardona, Carlos Alberto, fue allí que lo conocí personalmente.

Luego de varios días, Carlos Alberto volvió para ver cómo estaba y me llevó unas frutas. Estaba atento por mí de forma genuina. En ese momento contaba con él, con mi tía

Fabiola y doña Gloria, una vecina de mi mamá que había desarrollado gran empatía por mí.

De nuevo hubo una reunión en casa, mi mamá siempre organizaba estas cosas. Ese día, en especial, ella me trató bastante mal. Esto ocurrió porque le reclamé una actitud correctiva que su pareja tuvo con mi hermanito, pues él tenía a su papá. Debido a eso, me echó de la casa. De nuevo estaba en la calle, pero no sola. Sin duda, D-s ve el espíritu que tiene una persona para salir adelante y envía a las personas adecuadas para iluminar el camino.

UNA NUEVA ESPERANZA

Mi tía Fabiola tenía un local y me llevó allí. Además, mi amiga Jenny, me prestó una cama. Por su parte, doña Gloria me lavaba la ropa y Carlos Alberto llegaba cada mañana con un buñuelo, café con leche y fruta. Pero para él, no bastaba con eso, así que a mediodía, cuando salía de trabajar, me llevaba pollo para almorzar y lo mismo hacía por la noche, antes de ir a su casa. Todos los días ocurría esto, nos iban a salir plumas.

Frente a tal hospitalidad y para no crear confusiones, le aclaré que no quería que se creara falsas expectativas porque si Fernando volvía, tal como había prometido, volvería con él. Él respondía que no pensara eso, que no era de ese modo. Aunque lloviera, tronara o fuera un día soleado, él siempre llegaba con una pequeña bolsa de comida.

Para poder disfrutar del beneficio del Seguro Social, me hice pasar por desplazada. En realidad, lo era. Pude asistir a mis citas de control. En una de ellas, me dieron fecha de parto. Llegó ese día, pero no ocurrió. Caminaba mucho y seguía todas las instrucciones que me daban, pero el bebé no quería nacer aún.

Los doctores me decían que yo podía hacerlo. Lamentablemente, viví en carne propia lo que llaman en Colombia «el paseo de la muerte», es decir, fui de hospital en hospital y no me recibían. Mi mamá se dio cuenta de eso y decidió sacarme del hospital en el que estaba. Ella se había mudado a a dos calles antes del local donde vivía, nunca supe por qué, pero lo hizo. Ese día me llevó a su casa y mi abuela me preparó una bebida llamada caspiroleta preparada con chocolate, huevos, clavos de olor y canela. Este brebaje se lo dan a las mujeres antes del parto. Mi abuela me lo dio a beber muy caliente, ya no aguantaba. Sin embargo, en algún momento dije que era hora de ir al hospital, el bebé, finalmente, nacería.

De nuevo, hicimos un *tour* por hospitales. Al llegar al tercero, estaba tan incómoda y molesta que dije que si a mi bebé le ocurría algo, pondría una bomba en ese lugar porque tenía las herramientas y amistades para hacerlo. En ese momento, una señora ordenó que me metieran a la sala de espera. Sin embargo, solo me metieron para que me calmara y evitar que el resto comenzara a protestar.

A mi lado se encontraba una señora de tez morena con una barriga enorme. Lloraba, pero aun así me decía que aguantara, ella comentó en medio del llanto que tenía dos bebés en su vientre, pero no los vería porque ya estaban muertos. Repetía que aguantara porque mi bebé estaba vivo y lo disfrutaría. Comenzó con un pequeño entrenamiento, me enseñaba a respirar. En ese instante pasó un doctor y ella le pidió que me ayudara.

Este doctor hizo caso al pedido y se acercó para hacerme un tacto. Me dijo que pujara, lo hice y me abrió más. Le decía que quería ir al baño, pero él dijo que no se trataba de eso, sino de la cabeza del bebé que ya quería salir. De inmediato me hizo caminar hasta la sala de parto, miré un reloj y vi que eran las 4:45 a. m. Una enfermera muy joven me atendió, comenzó a hablar conmigo y de pronto, nació mi bebé. Mi pequeño gigante estaba aquí.

Capítulo 5

SINTIENDO MIS PIES: 22 AÑOS

Cada vida tiene una medida de dolor.
Y a veces esto es lo que nos despierta.

Steven Tyler

Mi primogénito nació justo el Día de la Mujer y casualmente fue el único niño nacido en ese hospital, por ello lo acostaron rodeado de niñas. Ese día estaba acompañada por mi mamá y la Sra. Gloria, una vecina de mi mamá a la que le guardo mucho cariño. Mi abuela se había quedado a cargo de la casa, cuidaba a mis hermanos pequeños. La emoción era inmensa, pero estaba bañada por una mezcla de felicidad y preocupación, así como de tristeza porque había soñado siempre que cuando llegara ese momento el padre de mi bebé estuviese allí.

Me dieron el alta en el hospital, pero no estaba bien del todo. Había sufrido un descenso de las glándulas parótidas y estaba muy débil. Antes de dejarme salir, el médico le preguntó a mi mamá con quién vivía, ella le dijo que estaba sola. La respuesta del médico fue indicar que no podía continuar así, requería cuidados y acompañamiento. Debido a esto, mi mamá me llevó con ella.

Cuando íbamos en el taxi y pasamos frente al local en el que estaba viviendo, vi a Carlos Alberto sentado al frente. Le pedí al taxista que se detuviera. Quise saludarlo con el niño en brazos, pero cuando se lo fui a dar para que lo cargara, él se negó en ese momento porque no sabía cómo hacerlo. Sin embargo, le dije que me iría con mi mamá a su casa.

Recordemos que ella se había mudado a dos cuadras de aquel local en el que había estado viviendo. Él caminó hasta aquel lugar y allí nos encontramos. Le di el niño, vi su rostro, esto fue muy valioso para mí, entendía, sentía su cariño, él lo abrazó y, hasta el día de hoy, lo sostiene en sus brazos. Su ternura y cariño al hacerlo fueron notables. Además, se evidenciaban en los gestos. De inmediato, él se fue y luego de un rato regresó con pañales, biberones, frutas y demás obsequios para mí y ese bebé al que no le faltaría amor.

Mi dieta era muy particular y estaba plagada de emociones. En ese momento no lo supe identificar, pero se trataba de depresión posparto. Solo ahora he comprendido lo que experimenté entonces. Lloraba mucho, más de lo que me gustaría recordar. Por supuesto, mi cabeza estaba llena de preguntas a las que sentía que no podía dar respuesta. Las preocupaciones rondaban mi mente. ¿Cómo haría para mantener a mi hijo? Además, me encontraba en un ambiente hostil en medio de mi vulnerabilidad. Mi mamá bañaba al bebé, después de eso poco frecuentaba mi habitación. Al contrario, mi abuela sí lo hacía. También Alex, amigo de siempre en la familia.

PRODUCCIÓN Y PÉRDIDA

Un día, una mujer llegó con unas cartas españolas para jugar. No sé por qué dije que no jugaba con ellas y mi mamá agregó que yo sabía leerlas. Me reí y dije que no, pero ella dijo que Fernando, cuando estuvo en la casa, le dijo a mi mamá que yo sabía de eso. Resulta que un día en el pueblo, estábamos sentados en la mesa cuando alguien llegó con unas cartas y yo dije lo mismo, tampoco sé por qué. Pero esa chica me pidió que se las leyera, así que tomé las cartas y lo hice, pero todo quedó allí. Ese mismo día, Fernando también me pidió que se las leyera y, al parecer, todo lo que le dije resultó y, sin querer, tenía clientela para mí. Río en este momento.

Así que a esta mujer le pareció interesante y me dijo que se las leyera, que si todo resultaba como yo lo leía o si le decía algo que nadie supiera, ella me las dejaba para que trabajara con ellas. Tomé el mazo, las barajé, la miré directo a los ojos, le pregunté su nombre y fecha de nacimiento, como si tuviera experiencia en esto empecé a decirle todo y más. Mi amigo Jesús Antonio me dijo que tenía unas cartas del Tarot y me las regaló porque estaba preparada para eso.

Rápidamente, y sin darme cuenta, tenía clientela sin parar. Me levantaba muy temprano, aseaba al bebé y dejaba lista la colada de plátano, lo que en Colombia llamamos la farina. Le daba pecho, lo que él quisiera recibir. Me dediqué a las cartas, algo con lo que comencé a producir dinero, siempre con mi bebé al lado. Podía generar de 150 000 a 200 000 pesos en un día, una cifra muy buena para tratarse de una niña que apenas había logrado ser bachiller y con un hijo.

De pronto el dinero comenzó a desaparecer, sin que yo lo hubiese gastado. Tenía la rutina de ir con el bebé, cada lunes, al centro comercial que se ubicaba en la esquina de mi casa. Allí compraba todo lo necesario para su aseo y alimentación. Luego de hacer las compras necesarias, siempre me sobraba dinero que guardaba en la pañalera de mi hijo. Pronto comencé a observar que eso iba desapareciendo. Trataba de entenderlo, sacaba cuentas e incluso le pregunté a mi mamá si le había dado alguna cantidad para que la tuviera ella, pero me respondía que no, y sabía que tenía razón.

No tengo una idea clara de cuánto perdí. Una mañana me desperté desesperada, no podía creer que se estaba extraviando el dinero. Sabía que no tenía que ver con los clientes, a ellos los atendía en un espacio acondicionado para este fin, ubicado en el garaje. Sabía que mis hermanos eran muy pequeños. El marido de mi mamá, no lo haría y mi madre tampoco. Lo comentaba con ella, preguntaba: «¿Quién es la otra persona que resta?». Además, comenzó a notar que a ella también se le desaparecía el dinero. No solo me estaban robando a mí, sino también a mi mamá.

Mi hermano comenzó a decir que lo estaba persiguiendo un carro blanco. A pesar de todo, quise ayudarlo. Llamé a mi amigo, Higuita, para que lo recibiera en San Carlos. Por supuesto que me escuchó, me dijo que lo montara en el bus y le dijera la hora que llegaría para poder recibirlo. Así ocurrió. Apenas pude, viajé al pueblo para saber cómo estaba mi hermano y también para que lo vieran conmigo. Ese pueblo es muy peligroso para la gente que llega nueva, y mi hermano era presa fácil para eso. Allí me encontré con Daniel, el hermano de Fernando, quien al verme me preguntó por su sobrino, saqué una foto y se la mostré. Al tenerla en sus manos, sonrió, dijo que se quedaría con ella y se fue.

UNA ENFERMEDAD AJENA, PERO DOLOROSA

Me mantuve en casa, seguí trabajando para mantener a mi hijo. La situación era mucho más tranquila. Luego de tres meses de estar allí, salí a compartir con mis amigos Edward Fabián y Carlos Alberto. Justo al día siguiente era el Día del Padre, así que Carlos Alberto nos invitó a compartir en casa de sus padres ese día para hacer un asado. Habíamos decidido que nos reuniríamos, así que ese día, cuando me estaba arreglando para salir, recibí una llamada de Edward

Fabián, me dijo que Carlos Alberto estaba mal de salud y lo habían llevado de emergencia a un centro médico. De inmediato decidí irme a la clínica, antes, pagué una niñera para que cuidara al bebé y me fui.

Al llegar, me topé con los padres de Carlos Alberto. Debo decir que estaban preocupados porque sabían de mi existencia. Estaban al tanto de que yo venía de un pueblo relacionado con las drogas. Su hijo tenía una hoja de vida impecable, ellos lo sabían y no estaban muy de acuerdo con que estuviera entre sus amistades. Había ido a su casa, pero siempre acompañada por él y resultaba más relajado. Por supuesto, Edward Fabián decidió acompañarme.

Por fortuna, me dejaron entrar a verlo. Si bien todos sabían que él estaba enamorado de mí, yo tenía claro que era un amigo al que estimaba mucho. Al entrar, él me pidió que le pasara un pantalón, de pronto noté que confundía el pantalón con una toalla. Le hice ver la equivocación y ahí, delante de mí, sufrió un desmayo. Era el segundo que sufría.

Su condición empeoró, el parte médico explicaba que sufría un ACV debido a una caída que sufrió en su niñez. En aquel momento se golpeó la cabeza y, aunque aparentemente no era grave, debido al traumatismo le quedó algo de sangre acumulada en el cerebro, cuya cantidad fue creciendo y le ocasionó esta patología. Él se veía tan diferente, tomé una fotografía de mi bebé y se la puse en las manos. Le hablé, le quise hacer saber el cariño que sentía por él y que el bebé lo estaba esperando para jugar. Oraba mucho por él, con verdadera fe y fervor.

Me agaché a orar y tomaba la planta de sus pies pidiendo que se parara de esa cama con firmeza. Sentía que todos aquellos que querían hacerme el bien, resultaban perjudicados de alguna manera. Me vi a mí misma como alguien contraproducente para los demás. Parecía que mis manos eran tijeras y que todo lo que tocaba con cariño, lo hería. Lloré tanto, que con mis lágrimas bañé sus pies, entonces despertó y me reconoció. Besé sus pies y le mostré la foto del niño, la puse en la mesa de noche y me fui a casa.

Fue intervenido para extirparle lo que causaba el daño. Durante seis meses estuvo hospitalizado. La situación fue muy difícil, pero él sobrevivió y salió bien dentro de todo. Carlos Alberto fue dado de alta y decidí ir a visitarlo a su casa. Suelo callar cuando estoy frente a las personas que quiero y las veo en este tipo de situaciones. Respeto lo que están viviendo y no me gusta preguntar cómo se sienten.

Creo en el acompañamiento silencioso, en estar ahí respetando el espacio. Pienso que las buenas intenciones llegan a su destino, esa situación me generaba ansiedad, me comía las uñas cada vez que iba a verlo y me topaba con sus padres. Siempre he sabido que soy la chica que ningún padre quiere cerca de sus hijos, de hecho, a mí nunca me han prohibido juntarme con alguien.

UN REGRESO CONTRAPRODUCENTE

Sin embargo, durante esos seis meses ocurrieron muchas cosas en mi vida. Mi hermano tuvo un problema en San Carlos, tuve que solucionarlo desde la distancia. Regresó y se fue al Sucre, una zona en la que se concentran los adictos. Siempre iba y lo sacaba de ahí.

No sentía miedo, aunque mi mamá sí. Ella decía que lo habían visto en el Centro y yo iba a ese lugar a la hora que fuera. En esa época comencé a tener sueños horribles que lo involucraban y esos sí me daban pánico. Soñaba que lo desaparecían, que lo mataban y cosas de ese estilo. Estos sueños eran constantes y siempre que los experimentaba, me iba a buscarlo al Sucre.

Un día, mi papá llegó con una caja, allí había fotos de cuando estaba en el bachillerato y cuadernos cuyas hojas estaban sueltas. Las leí tarde en la noche. Saqué los que cargaba conmigo y ese día me di cuenta de que, sin querer, había escrito mi vida. Allí había plasmado lo que me ocurría, incluso apunté todos estos sueños. En esas hojas dejaba en palabras textuales lo que sentía respecto a todos sin medida, entonces metí todo en un maletín, seguía escribiendo en un cuaderno y lo adjuntaba allí.

Me mantenía atenta a lo que se dañara en casa, que la lavadora, la licuadora, le daba sus pesos a mi mamá. La relación con la pareja de mi mamá era cordial, confieso que no he sido mujer de quedarme callada y cuando tengo que hablar, lo hago. Básicamente, suelo dejar pasar cosas mínimas, pero me vuelvo una olla a presión cuando cruzan el límite, en ese momento estallo.

Deseaba comprar una casa e irme, pero nadie me alquilaba una pieza sin tener un trabajo formal. Sentía una gran carga emocional sobre mis hombros. Mi prima María del Pilar siempre me aconsejaba muy bien y atesoro esos consejos, ella me llamaba para invitarme a lugares en donde estaba rodeada de personas sanas. La admiro muchísimo, ella es una de las personas más centradas que he conocido. Estudió una carrera universitaria y, aunque no la ejerció, logró salir adelante en temas de estética.

Mi hermano tomaba no solo mi dinero, sino celulares y otras cosas de valor, como la cámara digital fotográfica con las fotos de mi hijo en su memoria y su cadena de oro. Incluso, se llevaba los potes de leche para venderlos, siempre tenía tarros de leche extra, yo compraba y don Hernando Naranjo, cada vez que iba a hablar conmigo, también me llevaba. No me sentía capaz de ponerle límites a mi hermano porque temía generar más problemas. Le decía a mi mamá que si yo era capaz de generar dinero, por qué él no.

No entendía cómo era capaz de robar a su propia familia. Mi mamá siempre alegó que él estaba enfermo y no sabía lo que hacía. Le decía que me parecía muy bajo que él fuera capaz de eso, sabiendo lo que yo estaba viviendo, viéndome sola con el bebé. Sus respuestas incrementaron el deseo de reunir dinero para comprar un apartamento y mudarme con mi hijo.

UN BAUTIZO REVELADOR

Un día mi mamá me dijo que era hora de bautizar al bebé. La verdad, no deseaba hacerlo, tengo cierto resquemor con la Iglesia católica. Finalmente, su idea se impuso. Ella se encargó, incluso, de buscar a los padrinos. Comencé a pensar que yo no tenía fotos con mi padre y que no deseaba lo mismo para mi hijo. Llamé a Fernando y le dije que, si bien sabía que él dudaba de que el bebé fuera suyo, me gustaría que asistiera al bautizo. Él dijo que iría antes para hacerle la prueba. Me ofrecí a costear los gastos, incluso del viaje a Bogotá para hacer lo necesario.

Pero no me quedé con eso, le advertí que si el resultado de la prueba indicaba que era su hijo, tendría que olvidarse el resto de su vida de mi hijo. Le envié el pasaje y llegó a Cali. Ese día, el bebé, que siempre se dormía a las 8:00 p. m., estaba tan despierto que lo llevé conmigo a la terminal. Cuando él bajó del bus, lo primero que vio fue al niño en mis brazos, lo había volteado para que fuera lo primero que viera. Sus maletas cayeron al verlo. Aquel bebé era su más parecida estampa. Estaba muy avergonzado, lo había negado ante todos.

Sentía tanta pena que no era capaz de entrar a la casa y sostener la mirada. De por sí, él es callado, pero estaba completamente mudo. Se encargaba del niño y yo leía las cartas, me contó que Daniel, su hermano, le había dicho que mi hijo sí era suyo y que le había entregado algo, me mostró la foto que me había pedido cuando fui al pueblo. Me miró y me dijo que le diera una oportunidad, que volviéramos, que él había estado solo todo ese tiempo.

El día del bautizo, nos habíamos ido a la peluquería. Sin querer, olvidó el teléfono en casa. Por alguna razón me devolví y sonó. Contesté la llamada, era una mujer. Me preguntó quién era, le dije que la madre del niño que estábamos por bautizar. Evidentemente se sorprendió, él le había dicho que iría a Cali, a su casa. Le dije que estaba invitada si quería verlo ella misma. No quise decirle nada de esta llamada, preferí callar y observar como una ajedrecista. Cuando él volvió, le pregunté si tenía algo pendiente por hacer, su respuesta fue negativa.

Luego de la fiesta del bautizo, me dijo que volviera con él a su tierra, pero que antes le permitiera cambiar el registro del niño que solo tenía mi apellido y accedí, aunque ya lo había hecho con el mío. Volvimos juntos al pueblo para comenzar de nuevo.

UN NUEVO COMIENZO Y UNA NUEVA INFIDELIDAD

Cuando llegamos al Puerto, él no conseguía empleo. Lamentablemente, no miraba en ese momento otras opciones, las descartaba si no pertenecían a la actividad a la que estaba acostumbrado, no veía más allá de eso. Por el contrario, a mí me gusta tener independencia económica, resulta muy importante para mí tener dinero en el bolsillo. Por ello, decidí salir a trabajar mientras él se quedaba con el niño. Conseguí empleo haciendo aseos en domicilios mientras él se quedaba con el bebé. Precisamente, era él quien me conseguía trabajo en casas para asear.

Un día me comentó que se iría a una finca a trabajar. Yo le dije que continuaría trabajando como lo estaba haciendo. De pronto escuché el sonido de una moto, mi cuñado estaba en casa y corrió a cerrar la puerta, luego de que Fernando saliera. Noté algo raro, se trataba de una mujer que lo había ido a buscar. Debo añadir que mi cuñado me respetaba muchísimo y llegamos a tener una bonita amistad. De hecho, él fue quien instó a Fernando a conocer al niño.

Una tarde llegué temprano del trabajo y me encontré con el tío de Fernando. Ese día comentó que no entendía cómo existían hombres que tenían a su lado mujeres buenas y trabajadoras, y se iban a buscar más en la calle. En ese momento él no tenía conocimiento de que habíamos vuelto, pensaba que estaba allí llevando al niño para que mi suegra lo conociera. Simplemente, le seguí la corriente y él habló de más, dijo que no entendía cómo la madre de Fernando permitía que una mujer lo visitara allí.

Entonces decidí vestirme con la ropa más bonita que tenía. Al toparme con mi suegra, le comenté que ya sabía lo que estaba ocurriendo con Fernando y la muchacha de la esquina. Además, agregué que me parecía el colmo que eso fuera permitido allí. Pero es importante decir en este punto que la casa era de él, poco podía hacer ella y así me lo hizo saber. Añadió que, de hecho, lo había conversado con él.

Entonces me fui hasta el lugar en el que estaba la muchacha y saludé. Allí vendían zapatos y ella atendía el lugar, pero en ese momento no estaba en el mostrador, sino alejada. Sin esperar a que se acercara, fui hasta ella y le dije que yo era la mujer de Fernando. Por supuesto, se asustó y se apartó de mí, pues en esos pueblos es común que las mujeres echen ácido a otras. Aunque yo sería incapaz de algo así. Le dije que no había ido hasta allí a agredirla, que llamara a Fernando y colocara el altavoz, necesitaba una prueba contundente.

Ella lo llamó y le dijo que yo estaba allí, que no entendía cómo tenía mujer si ella se quedaba a dormir en su casa. Le arrebaté el teléfono y le dije que me enviara los boletos para devolverme a Cali, que podría ir a ver a su hijo cuando quisiera, pero hasta ese día estaría con él. No estaba dispuesta a soportar aquello. Me fui a la casa, empaqué todo, me pidió que no me fuera. Había tomado mi decisión, volví a Cali.

UN AMOR PLATÓNICO CONVERTIDO EN UNA DURA REALIDAD

Al llegar a Cali fui recibida por mi tía Fabiola. Ella ya había alquilado el local donde me había hospedado antes. Pero mi mamá me pidió que me quedara con ella porque tenía la posibilidad de continuar con las cartas. El segundo piso de la casa estaba desocupado y logré alquilarlo. Mi mamá vivía en la parte de abajo y yo en la de arriba.

Un día recibí una llamada desde San Carlos, era Higuita. Me comentó que alguien me estaba buscando, para mi sorpresa se trataba de Luis Miguel. Sin dudarlo, le dije que podía darle mi número. Luego me llamó y dijo que estaba en Cali. Comentó que sabía que ya había tenido al bebé, que nos viéramos en Chipichape, un reconocido centro comercial de la ciudad, y lo llevara. Ese detalle me pareció muy bonito. Al llegar allí, lo conoció y quiso comprarle ropa. Esa fue la primera de muchas salidas juntos. Siempre me decía que llevara al bebé y lo tenía presente en todo y para todo.

Normalmente hablábamos mientras él estuviera en un área con señal telefónica, me avisaba que llegaba a Cali y yo recibía su ropa en un maletín, la llevaba a casa, la ordenaba y se la entregaba planchada. Él me decía donde iba a estar o pasaba por mí a la casa. Nunca entró, siempre me avisaba que estaba afuera o me dejaba, esperaba a que entrara y se iba.

Después de un año de salir juntos me propuso alquilar un apartamento para que él tuviese un lugar al cual llegar. Así lo hicimos, en realidad, la mayoría del tiempo estaba sola. Él solo iba cuando estaba en la ciudad. Su trabajo así lo requería. Por supuesto que sabía con quién me había relacionado, así que tomé mis medidas. Conseguí un empleo y una niñera para el bebé, aunque Luis Miguel me decía que no era necesario que trabajara. Sin embargo, como ya dije, me gusta ser independiente.

Nosotros salíamos a tabernas a escuchar música, pocas veces bailábamos, salíamos a comer o al cine. Siempre él y yo, nunca acompañados. Un día él se emborrachó y me llamó para que fuera por él. Así lo hice. Al llegar al lugar, el hombre que lo acompañaba me tocó las nalgas. Le metí un manotón. Luis Miguel estaba muy tomado y eso le dio fuerzas para decirme poco a poco que debido a esas cosas él no tenía algo más formal conmigo, lo que no entendía, pues estábamos viviendo juntos.

Pero solo quería aprovechar la oportunidad y que él expresara todo de una vez. Me dijo que la mayoría de las personas que estaban en su entorno sabían quién era yo y que él no era capaz de lidiar con eso. Agregó que yo era una mujer muy buena, pero que él no podía con eso. Comencé a entender muchas cosas. Aunque lo comprendí, no puedo negar que me sentí herida, llevábamos más de un año juntos.

Al otro día, cuando despertó, le di un jugo de naranja y le preparé desayuno, le dije a la señora que llevara el niño al parque. Cerré la puerta y lo confronté, me dijo que se sentía muy apenado de haberme dicho de la peor manera, en estado de embriaguez, cómo se estaba sintiendo y añadió que nos fuéramos a Medellín, pues allí nadie nos conocía, sencillamente cambiaríamos de ciudad. Me dijo que esa misma semana prepararía todo para trasladarnos. Le hice saber que no tenía problema con ello. Un día, fui a visitar a mi mamá y cuando ya estaba de regreso, le pregunté qué quería cenar. Él me dijo que no comería porque eran más de las 6:00 p. m. y él no cenaba después de esa hora, se cuidaba mucho.

Me fui al apartamento, acosté al bebé y decidí tomar un descanso. No acostumbraba a ver su teléfono, pero ese día lo hice. Quien hace preguntas obtiene respuestas. Vi un mensaje en el que lo llamaban «Osito». Tomé el número de aquella mujer y la llamaba todas las semanas, pero nunca contestaba. Pero un día lo hizo, la saludé con respeto y me presenté. Comenté que era la mujer de Luis Miguel, a lo que ella respondió que cuál mujer si ella iba a visitarlo en el apartamento. Le pedí que me describiera el lugar, era exactamente el mismo departamento. Pasé al siguiente nivel y le dije que me gustaría que nos viéramos, así que le di la dirección de casa de mi mamá. Ella estaba asustada por la forma en la que yo podría reaccionar. No soy de las que ataco a una mujer. Me crie en medio de hombres y sé cómo operan.

Cuando estuvimos juntas, le dije que lo llamara y le hablara normal como si yo no estuviera allí. Además, le pedí que lo citara a un lugar. Mientras ella hablaba con él y yo escuchaba, empecé a marcar desde mi teléfono. De pronto, él le dijo que la llamaría de nuevo. Cuando me contestó, le pregunté si quería comer y me dijo que estaba en medio de una llamada, que cuando terminara, me llamaría. Le dije a ella que le dijera para verse ese mismo día, y así lo hizo. Luego, él me llamó y me dijo que había venido una gente del pueblo y se tenía que reunir con ellos. Le contesté que me parecía perfecto y que nos veríamos en casa. Colgué la llamada e inmediatamente pedí el taxi y nos fuimos juntas.

Durante el camino, le dije que procurara que él se sentara de espaldas para poder llegar sin ser vista. Cuando nos acercamos al lugar le dije a ella, que se bajara. Le señalé dónde estaba él, la esperaba sentado en una mesa. Insistí en que lo sentara de espaldas para llegar por detrás. El taxista se sentía en la *Rosa de Guadalupe*. Le dije que diera la vuelta para llegar por la parte de atrás, tal como lo habíamos planificado.

Llegué, me senté y me presenté con ella: «Mucho gusto. Anyela Viviana, la mujer de él. ¿Y usted quién es?». Entonces me respondió: «Mucho gusto. Jazmín, la novia de él». Lo miré, él arrastró la silla hacia atrás y bajó la mirada. Pedí una cerveza, me la tomé y me despedí. No tenía más nada que decir, así que me fui en un taxi.

Le envié un mensaje diciéndole que me diera hasta el jueves de esa semana para sacar mis cosas del apartamento. Esta experiencia fue muy dura, apostaba por lo que teníamos, si llevas más de un año saliendo con alguien, ¿qué se supone que son? Ya he dicho que me crie con hombres y sé que cuando uno de ellos dice que está soltero, simplemente tiene boleto para todo, pero cuando hay una relación estable, esa llave se tira al mar. Así funcionaba yo.

Estaba entregada a esa relación. Incluso intentamos tener un bebé, pero no fue posible. Realmente, sentía que no había motivos para tal engaño, le pedía que me diera una razón y él respondía que no tenía motivos, no los había, me dijo que no le había dado un solo motivo. Estaba muy confundida, no sabía cómo era que se debía tratar a los hombres, a pesar de mi historia, que reconocía, no había motivo. Iba de mi casa al trabajo, del trabajo a estudiar y lo más que hacía era ir donde mi mamá.

Esto me llevó a un estado de desesperación por no saber cómo tratar a los hombres. Quería entender qué debía hacer para tener una relación estable. Había sido buena pareja, cariñosa, ordenada, limpia, mantenía todo en orden, pero eso tampoco era suficiente. Luis Miguel no tenía ninguna queja, nada que objetarme por nuestra relación, así que no podía entenderlo. Él sabía cada paso que daba por mi propia voz. De hecho, él llegaba de sorpresa y siempre me encontraba donde le decía que estaba, porque nunca le mentí.

DE VUELTA AL SEGUNDO PISO

Volví a alquilar el segundo piso en casa de mi mamá. Para esa época mi hermano estaba mucho más sumergido en su propio caos. Intenté sacarlo de ese estado, le pedí que se viniera a vivir conmigo. Fue una mala decisión, se llevaba absolutamente todo, incluso cosas que no eran de valor. Siempre tenía que tener dinero a mano porque llegaba en taxi y en caso de no pagar, el taxista llamaba al resto de sus compañeros y lo golpeaban como una pandilla. Para que esto no ocurriera, pagaba yo. Al ver que lo socorría, él abusaba.

Me llamaba de la nada diciéndome que estaba en un restaurante y que fuera a pagar. Cuando llegaba, estaba acompañado de una mujer y en un restaurante fino, mientras yo comiendo el chuzo de la esquina. Cuando llegaba, me sentaba y él estaba tan seguro de mí, que incluso me decía que pidiera lo que quisiera… Siempre le pasaba el dinero por debajo de la mesa y él dejaba hasta propina. Esto era repetitivo y me causaba mucho estrés. Un día me llamaron para decirme que se encontraba en el hospital. Cuando llegué, me recibió una enfermera, Angela Arias.

Ella era la única que lo atendía con respeto, como un ser humano. La enfermera me dijo que era un hombre muy guapo y que se podía rescatar. Mi hermano salió del hospital y Ángela iba a verlo a la casa, se enamoraron hasta tal punto que ella se mudó a mi apartamento y allí vivíamos los cuatro. Mi hermano, Angela, mi hijo y yo. Sin embargo, su adicción era muy fuerte y nada cambiaba. Ella hacía todo lo que era posible para que él estuviera estable y fuera de aquello, pero no era suficiente.

En casa de mi mamá siempre había personas dispuestas a ayudarla con el aseo. El marido de mi mamá repetía que no todo lo que se perdía en la casa era culpa de mi hermano, que alguien más aprovechaba de eso para tomar ventaja y decía un nombre puntual. Conseguí trabajo como secretaria y, cuando llegaba a casa, mi hermano me había dejado afuera porque la llegada a casa tenía un horario, pero era yo quien pagaba la renta. Esto fue repetitivo, así que un día me cansé y llamé a la policía. Mi hermano, al ver que la policía llegó y era yo quien la había llamado, salió con un cuchillo a amenazarme.

Los funcionarios no hacían nada, decían que aquello era un problema familiar y ellos no se metían en eso. Les decía que esa era mi casa y que por qué no podía entrar, yo pagaba esa renta. Me enfrenté a mi hermano y a mi mamá, que vivía en el piso de abajo y presenció todo, ella se desmayó y tuvimos que llevarla de emergencia al hospital y, como era costumbre, yo era la culpable porque el enfermo era él. Le pedí a mi mamá que lo recibiera en su casa. Ella me respondía que debía entenderlo. Sin embargo, le preguntaba por qué no lo entendía ella y lo llevaba para su casa.

Luego de algunos días, dije que quería vender mi nevera, deseaba adquirir una más grande. Mi hermano se encargó de venderla, pensé que se trataba de un favor, pero me dijo que tenía que darle una comisión de 200 000 pesos. Como me negué, él dijo que se llevaría la nevera. Así lo hizo, la bajó a casa de mi mamá, quien la recibió. Le dije a ella que me la entregara, pero replicó que mi hermano la había bajado y que ella no se iba a involucrar en eso. Le recordé que era mía, que la había comprado con mi dinero y que me permitiera subirla, me dijo que no. En ese momento llegó la clientela y yo subí la nevera.

En ese instante, mi tía Fabi llegó y me dijo que la acompañara a hacer unas diligencias, estuvimos largas horas al sol y cuando regresamos, me llevó a su casa. Ella hizo una sopa de verduras, estábamos sentados en el comedor con sus hijos, Laura, Octavio y Eric. Dispuestos a tomar sopa, cuando sonó el timbre. Abrió la puerta y sonaron los pasos de alguien muy enojado subiendo las gradas y a gritos de ofensa, era mi mamá. Sin permitirme hablar, delante de todos, me echó la sopa caliente en el rostro y empezó a golpearme hasta el patio sin parar.

Mi tía trataba de calmarla, pero no podía hacer mucho, mi mamá tiene mucha fuerza. Todos los demás estaban en *shock* por lo ocurrido. Luego de aquello, tuve que devolverle el dinero completo a la persona que me había comprado la nevera, sin descontar lo que mi hermano había tomado para él y, fuera de eso, la nevera quedó abajo, en la casa de mi mamá. Me sentía ahogada por toda la situación. Mi mamá defendía a mi hermano, aunque era yo quien actuaba bien. Para mí era muy difícil llevar una carga emocional tan pesada.

El desgaste emocional es real y peor que el desgaste físico. Nunca nadie me acompañó porque siempre me han visto fuerte, no importaba llenarme de cargas. La presión era inmensa, no podía centrarme ni en mí ni en mi hijo, porque yo hacía todo lo posible por estar bien con mi mamá y corría a hacer lo que ella dijera, siempre estaba buscando su aprobación y mendigando su cariño, sumado a eso mi hermano me quitaba todo cuanto podía. Sabía que tenía que buscar una opción para irme. Necesitaba comprar una casa para mi hijo y garantizarle un entorno seguro.

Mi abuela siempre me decía cosas despectivas, que si no me daba pena con la familia por ser como era, y yo le decía que se trataba de su familia, que no me hiciera reír. Le pedía que pusiera frente a mí a uno de los que hablaban de mí, porque que le tenía, y tengo, su guardado a unos cuantos.

Un día una clienta me dijo que una de sus amigas había llegado de un viaje y le había ido muy bien. Le pedí que me facilitara ese contacto. Así fue. Geraldine, una amiga, me dijo que ella se atrevía a irse conmigo, así que llamamos y nos indicaron que fuéramos a un lugar. Fuimos, allí nos vieron y nos aprobaron. Pensé que era una gran opción para hacer dinero y poder comprar un pequeño apartamento en el que mi hijo pudiera vivir. Sabía que, aunque no tuviera estudios, podría lograrlo, muchas personas lo habían hecho.

PANAMÁ

Tenía proyectado este viaje y, para poder ir, le había dicho a Carlos Alberto que me ausentaría durante tres meses y le dejé saber a qué iba. Además, le pedí un gran favor, que cuidara al niño porque no tenía quien lo hiciera. Sabía que bajo su cuidado estaría bien. Celebré los dos años de mi hijo y justo al día siguiente viajé. Cuando llegué, en migración, sellaron mi pasaporte como alternadora, todo estaba preparado con la policía y demás autoridades. Nunca me engañaron, sabía a lo que iba.

Ese día aún no contaba con los permisos, por lo que tuve que correr. Sin embargo, se trataba de una red. Nos llevaron a un hotel donde permanecimos encerradas mientras resolvían el asunto de los permisos. Finalmente, tuvimos los papeles necesarios y comencé a trabajar. Me iba muy bien, lo que más hacía era bailar y trabajar con las fichas, es decir, incentivar al hombre para que consumiera licor y recibir un porcentaje por cada trago. Esto me iba muy bien, pues no tomaba, buscaba la manera de vaciar los tragos.

Lamentablemente, me enfermé. Aunque decía que tenía un cólico, los dueños de aquel negocio, no me creían. Tuve que seguir en el salón, así que caminaba mucho, pues el dolor era fuerte. De hecho, llegué al punto de no poder soportarlo. Geraldine estaba de multa. Llamé a mi mamá y le dije lo que estaba pasando, ella me indicó que me fuera al hospital. Tuve que salir sin ayuda de nadie, con calles solas y peligrosas, solo quería que pasara un taxi. Entonces me topé con unos policías, no dudé en pedir ayuda. Ellos me montaron en la patrulla, les decía que me llevaran a un hospital, que yo era colombiana. Al llegar al centro médico, no obtuve atención inmediata, al fin y al cabo, era extranjera y estaba sola.

Luego de muchas horas, cuando un médico pasó, le tomé la mano y le pedí ayuda. Me preguntó dónde tenía la molestia, él palpó la zona y grité de dolor. Dijo que tenían que operarme de urgencia. Tenía apendicitis. Me ingresaron a quirófano y me intervinieron. Cuando me pasaron a la habitación, vi a Geraldine con flores. Ella se quedó conmigo esa noche.

Me había enfermado en horario laboral, los puntos se infectaron y lo que debió ser una recuperación de máximo veinte días, se transformó en una de tres meses. Geraldine solo firmó un contrato y regresó, yo tuve que quedarme. Esto ocurrió y en cuanto sentí mejoría tuve que trabajar para pagar todo el tiempo que estuve de baja. Me convertí en esclava de ellos, ya no tenía ni para comer, me cobraban absolutamente todo, incluso el agua.

Un día entró alguien y le dije que me quería ir, le pedí ayuda para salir de cualquier forma, incluso en barco. Se me había ocurrido que quizás podría salir en un contenedor. Esta persona me dijo que no era posible, que era muy riesgoso para mi integridad. Las condiciones ponían en riesgo mi vida. Me aconsejó que no lo hiciera.

Otro día llegó un hombre bien vestido, algo que siempre he admirado en los hombres es que vistan bien. Me invitó a sentarme con él, su nombre era Siquem. Mis ojos estaban hinchados por tanto llorar, él lo notó y me preguntó qué ocurría. Le expliqué todo y él se ofreció a ayudarme, me ofreció trabajo como su secretaria. Me agradó la idea, pero había un problema, ¿cómo haría para salir de allí? Me dio instrucciones de lo que debía hacer. Tenía que dirigirme al dueño y decirle que me había enfermado en horario laboral, que me devolviera mi pasaporte para irme o lo denunciaría. También me preguntó si había firmado un contrato, le contesté afirmativamente. Me explicó que allí debía indicar que estaba bajo el cuidado de ellos y que en todo contrato laboral se incluye el tema de la salud. Acto seguido me preguntó si había disfrutado de ese beneficio, le dije que no. Además de todo esto, me explicó más cuestiones que me ayudarían y me dijo que al día siguiente iría por mí.

Debo reconocer que uno de los jefes españoles que tenía, José, se tuvo que ir y antes de hacerlo me dijo que no me preocupara por nada, que me enfocara de mis temas de salud. Él había vuelto, así que decidí hablar con él. Le expliqué que luego de que él se había ido, nadie me ayudó y que, por el contrario, me cobraron por todo. Le dije que llevaba allí seis meses y dos contratos, pero que había trabajado más para ellos que para mi propio hijo, que era lo que había ido a hacer. Le expresé que necesitaba ver a mi hijo, que ya todos los clientes me conocían y no era ninguna novedad. Pedí que me dejara ir y contratara mujeres nuevas. Él me devolvió mi pasaporte y pude irme. Nunca envié a nadie allí.

Me fui con Siquem con la finalidad de aceptar su oferta. A él le pedí que me explicara lo que debía hacer, pero solo lo acompañaba en el carro a todas partes mientras él hablaba con distintas personas. Me llevó a un lugar para hablar con una persona sobre mi situación legal. Esta me explicó que mi permiso había sido expedido solo por noventa días, así que, de acuerdo a la ley, tenía que pagar 10 000 dólares.

Ni siquiera me enfrentaba a la deportación de primera mano, antes debía cumplir una condena. Siquem le preguntó a aquella mujer si un matrimonio con él funcionaría para poder salir. Su respuesta fue afirmativa, pero había una salvedad, no podría volver a entrar, sino hasta que fuera autorizado porque debía obtener un perdón cuya posibilidad se centraba en mi huida del país. Él no dudó y me dijo que nos casáramos.

Él pagó una cantidad de dinero y luego procedimos a casarnos. Ese día iba vestida de *jeans*, pero él prefirió que me arreglara más. Consiguió un vestido, hizo que me colocaran unas uñas postizas, que me peinara y arreglara. Realmente, eso no me interesaba, solo deseaba ver a mi hijo. Ese día él me dijo que estaba interesado en mí y quería que ese matrimonio fuera real. Pasó de una ayuda a la posesión sobre mí casi de inmediato, aun así, esa primera noche amaneció fuera.

Ese comportamiento me extrañó cuando lo contrastaba con el discurso de la noche anterior. Así se lo hice saber y le dije que arreglara el tema de los boletos porque deseaba pasar la Navidad en casa con mi hijo. No me daba confianza la manera en la que me expresaba su afecto, además, su acción de amanecer ese primer día en la calle, no me cuadraba.

Llamé para avisar que iba a casa. Mi hermano me pidió ayuda para emprender, era la primera vez que hablaba con él después del incidente de la nevera. Mi mamá siempre mencionaba que él estaba allí, pero yo le decía que no quería hablar con él. Ese día, quería llegar sin dolor. Estuvimos conversando y uno de los temas se centraba en que deseaba casarse con Angela Arias y que yo fuese la madrina de la boda. Además, ellos querían que los apoyara económicamente para emprender en un negocio, en ese tiempo deseaban vender camisetas, les dije que sí. Decidieron que no se casarían sin mí, por ser la madrina, que me esperarían y, al llegar, lo harían y también hablaríamos del negocio.

Siquem me dijo que iría con él y también llevaría a su hijo. Él vivía con dos niños, su niño y otra niña que no era suya, pero sí de la mamá de su hijo y él la estaba criando. El niño comenzó a decirme mamá porque así lo atendía. Lo llevaba al colegio, le preparaba el desayuno y cumplía ese rol. Lo trataba con cariño y comenzó a apegarse. Al llegar al aeropuerto, cuando ya íbamos para Colombia, llegó la policía y me dijo que me estaba robando ese niño. Nunca había sufrido semejante humillación.

No entendía nada de lo que ocurría. Miraba a Siquem asombrada y le decía que él era su papá. No entendíamos nada. Había sido su hermana quien se había comunicado con la policía aeroportuaria para denunciar que yo me estaba robando al niño. Lastimosamente, el pequeño no pudo viajar. Siquem llamó a una persona para que lo recogieran en el aeropuerto y se lo llevaran a la hermana.

REGRESO A CASA

Cuando regresé a Cali, fui recibida en el aeropuerto por mi mamá y su marido, mi tía Fabiola, mi hermano Abraham y mi hijo. Al llegar a casa, mi mamá y mi abuela habían preparado tamales. Mi hijo se pasó los controles del aeropuerto y mi hermano decía que lo dejaran pasar porque había llegado su mamá. Yo me tiré al piso y abrí mis brazos, aquel abrazo era un bálsamo.

Mi mamá y mi abuela tenían preparado un almuerzo y compartimos en casa con mi tía Fabi. Angela no estaba por ningún lado, la llamé y noté que estaba enojada. A decir verdad, no tenía idea de lo que me estaba diciendo, pero ella afirmaba que sí, que mi hermano era un infiel y tendría un hijo con otra mujer, y que yo sabía todo, pero no le había dicho nada. Ella me reclamó muchas veces que cómo era posible que lo sabía y no le había contado.

No obstante, yo no estaba enterada. De hecho, lo supe por Angela, que era mi amiga. Luego de eso mi abuela se me acercó y me confirmó lo que ella me había dicho. Esto ocasionó que la relación se terminara, si bien mi hermano realmente la amaba, se veía bastante afectado por la situación. Cuando conversé sobre este asunto con él, me dijo que no abandonaría a ese bebé, pero que realmente amaba a Angela.

Tuvimos la oportunidad de ir al cumpleaños de la Pana, en esa reunión mi primo Kike me invitó a bailar, le pidió permiso a Siquem y eso ocasionó sus celos. Su reacción fue prohibirme bailar con otros hombres, aunque fuese un miembro de mi familia. A mi primo lo quiero mucho y yo me paré a bailar. Él estaba nervioso y le dije que él era mi sangre, que quien se tenía que relajar era él. Ese gesto empañó la reunión.

Luego de tanto tiempo sin ver a mis seres queridos, incluyendo a mi hijo, él tomaba esta actitud. Este fue uno de los tantos detalles que comencé a notar… Eso prendió algunas alarmas en mí, pues llevaba mucho tiempo sin ver a mi familia y no me parecía adecuado que se comportara de ese modo. Además, yo solo quería salir de Panamá y regresar a casa.

De forma lamentable, Carlos Alberto perdió a un familiar. Siento mucho respeto por esa familia y deseaba ir a ese funeral en señal de apoyo. Sin embargo, Siquem se negó y trató de forma muy grosera a mi amigo, lo insultó de forma muy despectiva, incluso se burló de su color de piel. Esto era algo muy sensible para mí, pues había experimentado en carne propia *bullying* por mi cabello, precisamente por tenerlo crespo. Le dije de forma enfática cuán importante era Carlos Alberto para mí y que debía respetarlo, y asistí al funeral con mi hijo.

En aquel entonces Siquem no me desagradaba, simplemente notaba ciertos comportamientos machistas y mi comportamiento era bastante liberal, me sentía asfixiada. Todo esto me condujo a reflexionar que no sería capaz de vivir con alguien que no me permitiera ser yo misma. Con esto no me refiero a que deseara seguir viviendo de un modo que podría tildar de inmaduro, aunque era mamá, aún no estaba centrada. Siempre he sido muy auténtica, me gusta ser reconocida por mí misma, por lo que soy, con mis virtudes y defectos. Amo mi individualidad, mi sentido de pertenencia y el respeto por el tiempo personal, eso incluye lugares y personas.

En esa época, mi tía Fabiola también estaba haciendo los preparativos para los quince años de su hija. Ella me pidió ayuda para hacer las invitaciones, debido a que siempre me ha gustado trabajar con ordenadores. En aquel momento se trabajaba esto con Word, así que pueden imaginar lo complicado, resultaba más engorroso. De pronto, Siquem se molestó y alegó que él necesitaba más tiempo de mi parte. Le expliqué que había vuelto para ver a mi familia. Me llevó al límite, estaba tratando de disfrutar de mi familia y él quería que no hablara con nadie y que nadie se me acercara, mi reacción, sin duda, fue muy impulsiva y algo agresiva, le di varias bofetadas sin parar.

Llegó el día en que él volvió a Panamá. Yo debí quedarme porque debido a mi condición legal migratoria, no podía entrar a ese país en un plazo de seis meses. Durante ese tiempo estuve reflexionando acerca de mi regreso a Panamá, considerando el comportamiento de Siquem durante su estadía en Cali. Comencé a decirme a mí misma que si había actuado de ese modo frente a mi familia, ¿cómo lo haría en su país, que era su entorno natural? De hecho, cuando él se fue, descansé mentalmente.

Sin embargo, mi mamá comenzó a decirme de forma insistente que, si me había casado, debía volver con mi marido. Además, me decía que él era muy buen hombre y que con mi mal carácter ella se imaginaba la forma en la que lo trataría. Ante sus comentarios, simplemente callaba.

Tal como me habían explicado, efectivamente no podía regresar a Panamá, me habían impuesto una pena. Él sí regresó. Entonces su hijo comenzó a enfermarse y a tener comportamientos en el colegio que hicieron que la profesora estuviera atenta y al preguntarle sobre ellos, él no dudó en decir que las mamás se iban. Me sentí muy identificada, estábamos en la misma posición, todo lo que queríamos, se iba. Hablaba con él y le decía que apenas pudiera, iría de nuevo, solo faltaban seis meses.

En casa los problemas eran constantes. Mi hermano tenía problemas con la mamá de su segunda hija que no le permitía verla. Su reacción fue descargar sus problemas conmigo. Un día me encerró y llamó a Fernando para que se llevara al niño, enfrentando su mismo trauma. Tenía dolor en su ego de hombre porque Angela no regresaba con él y, además, venía un bebé en camino, a cuya madre no amaba.

Un día yo estaba en el andén de la casa y mi hermano llegó en una camioneta con un acompañante y, como de costumbre, fijé la mirada en todo. Esta otra persona inclinó su rostro como quien observa detalladamente, y con tal confianza me saludó efusivamente llamándome por el apodo que me habían puesto en el pueblo, Peluda.

Por supuesto que esto llamó mi atención, pues solo me llamaban de ese modo en el pueblo. Así que me acerqué de inmediato. Se trataba de un caqueteño. Luego me preguntó qué hacía allí, le expliqué que era mi hermano, a quien apodaban «Barba Roja». Además, pensé que si mi hermano estaba relacionado con esa gente, ¿en qué andaba? Este hombre me pidió mi número y me dio el suyo.

La siguiente llamada que recibí fue para indicarme que necesitaba hacer un pago grande. Me reuní con esa gente, me comentaron lo sucedido, me lo voy a reservar. Dije que respondería, sabía de lo que eran capaces. Quise ayudarlo y hablé con la Sra. Omaira, una amiga de la familia. Le conté la verdad, que la vida de mi hermano corría gran riesgo. Lamentablemente, ella me dijo que no podía prestarme esa cantidad.

Decidí reunirme nuevamente con ellos y les dije que les trabajaría hasta saldar su parte. A mí me escoltaba Brocha, mientras surtía cocaína en roca en sitios específicos de Cali. Así lo hice hasta saldar la deuda para calmar las aguas.

Capítulo 6

PASOS DESESPERADOS

Cuando alguien que amas muere, no lo pierdes todo de una vez. Lo pierdes en pedazos con el tiempo, como la forma en que el correo deja de llegar.

Jim Carrey

UNA CAÍDA AJENA, PERO MUY DOLOROSA

Mi hermano buscaba trabajo, pero debido a su historial nadie le daba empleo. Por eso le dije que era mejor para él que emprendiera un negocio. Esta idea le pareció buena, pero me dijo que necesitaba dinero. Lo quería ayudar, así que decidí ir a una región ubicada a dos horas de Cali, para producir ese dinero. Hice casi tres millones de pesos y se lo entregué a mi hermano. Me aseguró que invertiría ese dinero en abrir un criadero de pollos, decidió ponerle como nombre Mon Pollo.

Además, él había estado en contacto con una de las fundaciones que lo habían ayudado y habían puesto a su disposición un terreno para criar a los pollos. Pero el día que le di ese dinero, simplemente desapareció. Por supuesto que estaba lejos de la holgura económica y necesitaba aquella cifra, pero sabía que nadie le daría trabajo. Sentí la obligación de apoyarlo, pues nadie más lo haría.

Mi mamá estaba preocupada, y todos en la casa, es que no aparecía ni llevaba el dinero. Después de mucha angustia, él llamó, me dijo que estaba bien y me indicó adonde ir. La Pana se ofreció para llevarme y nos fuimos a la avenida sexta en Cali. Siempre he pensado que ese día él sabía que pronto se iría de este plano. Si bien tenía adicción por las drogas, no tomaba alcohol. Al llegar a la discoteca, noté que estaba vacía. Enseguida, un hombre me preguntó si era la hermana de Barba Roja, asentí y me dijo que se encontraba en la parte de atrás. Fui hasta allá y, efectivamente, ahí estaba. Me dijo que me sentara y noté que estaba tomando aguardiente.

En esa conversación me pidió que no regresara a Panamá. Le comenté que debía hacerlo porque ya no soportaba más que mi mamá defendiera a Siquem y que me reclamara por ser, según ella, una mala mujer al no irme. Le expliqué cuál era mi plan, uno que lo incluía. Estaba pensando en irme, trabajar y que luego él se fuera para allá. Sin embargo, insistía en que no me fuera. Me dijo que me fijara en su ejemplo, pese a que había alguien embarazada, él no negaría a su hijo, pero que no se iría a vivir con ella solo porque así lo quisiera mi mamá.

Era la primera vez que mi hermano me daba un consejo, por cierto, bastante acertado. Aunque siempre apoyaba todo lo que mi mamá dijera, continuó pidiéndome que no me fuera. Le pregunté por el dinero, confesó que había gastado 300 000 mil pesos, según dijo, y me entregó el resto.

Tenía planificado llevar a mi hijo con su padre al Puerto. Él quiso ir conmigo, de hecho, me pidió que lo llevara. Mis hermanos menores también quisieron ir, pero mi mamá solo dio permiso a mi hermana Luciana, alegando que Juan se había portado mal. Mi hermano no era una persona que antes se hubiera interesado en la fotografía, pero, a partir de ese momento, comenzó a tomar muchas fotografías e incluso llegó a comer pescado, algo que nunca antes había probado, pues no le gustaba, aunque era isleño. Allí a donde yo iba, él me acompañaba y tomaba fotos.

Sin embargo, mi mamá continuó con la insistencia de que debía volver. Luego de esto, mi hermano efectivamente montó su negocio de pollos en la fundación, incluso llevó a una veterinaria para asegurarse de que los pollos estuvieran en buena condición y así poder distribuirlos. La veterinaria iba cada quince días a inspeccionar los pollos. Por aquel momento, se acercaba el Día de la Madre, justo lo llamaron para avisarle que todos los pollos habían muerto.

Mi hermano no pudo con la frustración, se apoderó de él un sentimiento de derrota y volvió a las calles. Pronto, todo seguía igual, era completamente agotador. Mi mamá siempre gritaba que a ella no le importaba quedarse sin hijos, porque sus amistades eran más importantes para ella y que con ellas era suficiente. Esto me llevó a tomar la decisión de volver a Panamá. Me comuniqué con Siquem para irme.

REGRESO A PANAMÁ

Siquem me llamó y me dijo que su hijo se había besado con otro niño y que siempre repetía que las mamás se iban. Le comenté que iría, pero solo para ayudarlo con este asunto. Volví, pero esta vez con mi hijo, no pensaba volver a vivir lejos de él. Una vez allí, Siquem sabía que no tenía amor por él, así que comenzó a abusar de mí y a golpearme. Además, amenazaba con matarme y decía que luego se desharía de mi cuerpo en pedacitos tirándolo al mar.

Todos los días buscaba la forma de salir de aquella casa y, sobre todo, de sacar a mi hijo de allí, pero no había forma. Él sabía que quería irme y entonces me dijo que si escapaba y mencionaba algo, nadie me creería porque él era hijo de alguien con renombre en ese país. Repetía que si yo no era de él, tampoco sería de otro, primero me mataría. Yo nunca me quedo callada, así que le respondí que a pesar de que tenía tanto dinero y poder, no podía conquistar a una mujer, y que no era más que un cerdo. Le repetía que era tan básico que no había podido conquistar a una puta. Por supuesto, esto lo ofendía aún más. En mi mente aún escucho el sonido de un cuchillo que me lanzó, golpeando la pared. Mi hijo fue testigo de aquello.

Le pedía que no le hiciera nada a él, conmigo podía hacer lo que deseara. Además, dormía frente a la puerta principal con un bate, realmente temía por mi vida. Un día fingí que dormía, en realidad, estaba orando, pidiéndole a D-s que me ayudara a sacar a mi hijo de allí. Dormía por intervalos, alternaba el sueño con la oración. Sin embargo, no hallaba paz, tanto que en una de esas ocasiones desperté exaltada. Pero en ese preciso momento lo primero que vi fue un libro, la Biblia. Comencé a orar con ella, a pedirle a D-s que, así como había sacado a Daniel del foso, lo hiciera conmigo, que me ayudara a salir de allí victoriosa con mi hijo.

Había planificado decirle a Siquem que me sentía mal, aunque esto no era una mentira, realmente me dolía todo el cuerpo. La idea era que me llevara al hospital y allí hablar con una enfermera, explicarle lo que estaba viviendo y pedirle que me ayudara con la policía. Ya le había dicho que no me sentía bien y necesitaba ir a un centro médico, pero se negó. Había salido a buscar un medicamento para mí y como respaldo del cielo, dejó su celular.

Con mucho temor, decidí llamar a casa. Probablemente, mi mamá presentía lo que estaba ocurriendo y me pidió que me limitara a responderle sí o no. Me preguntó si estaba bien, le respondí que no, luego me dijo que si quería que ella fuera a Panamá, por supuesto, le contesté que sí.

Al otro día, ella estaba allí, como excusa dijo que estaba haciendo un trabajo para una clienta y había pasado a saludarnos. Me había pedido que actuara de forma normal para evitar despertar sospechas. Esa casa era muy cerrada, él comenzó a hablar con ella, a decirle que yo era una persona muy difícil y muchas cosas negativas de mí. Ella se limitaba a asentir con su cabeza. Esto me ocasionó mucha rabia y simplemente, de forma impulsiva, le pregunté que por qué también no le decía que yo estaba ahí contra mi voluntad, que me tenía secuestrada y abusaba de mí, pese a que nosotros solo teníamos un trato.

Mi mamá tomó el control de la situación y me pidió que me fuera, a él le dijo que no me hiciera caso, que ambos sabían cómo era yo. Esto me generó mucha frustración y acrecentó mi rabia, pues percibía que ellos estaban en mi contra y mis esperanzas se diluían. Aún no entendía el plan de mi mamá. Esa noche mi mamá durmió en la casa, él tomó su lugar en la puerta.

Al otro día, ella comentó que la relación estaba pasando por un mal momento y era mejor que mi hijo no estuviera allí, que ella se lo llevaría. Le dije que sí, busqué una hoja y se la firmé. Siquem le dijo que no se lo llevara, que eso desestabilizaría la familia. Ella no dio largas y simplemente le respondió que le abriera la puerta para ir a comprarle un jugo al niño.

Mi siguiente paso fue ir al baño y dibujarle a mi mamá un croquis para que llegara a la casa de la madre de Siquem. Cuando había llegado a Panamá como cosas de D-s, le había entregado mi pasaporte y el de mi hijo a la empleada de esa casa. Le pedí a mi mamá que fuera a buscarlos y luego se dirigiera a la policía. Así lo hizo. Apenas se cerró la puerta y ella salió con mi hijo, él comenzó a maltratarme.

No pasó mucho tiempo para que mi mamá llegara con la DIJ, es decir, la policía. Por supuesto, él me ocultó y no abrió la puerta, pero los funcionarios, como si de una película se tratara, se montaron por el techo. Sin embargo, no tenía otra forma de salir que no fuese por la puerta, lo mismo aplicaba para la policía.

En un momento dado, tomé fuerzas y le dije a Siquem que me dejara salir, pues si veían que yo estaba bien, se irían, pero él se negó. Le pedí que por lo menos me dejara asomar, para que ellos me vieran y así se fueran. La puerta estaba entreabierta y él solo asomaba la cabeza, aquello se había convertido en una situación de rehenes, tenía un arma y me amenazaba. Pero no solo había una puerta, sino tres para poder llegar a la calle.

La policía le gritaba preguntando por su esposa y solo respondía que yo estaba bien. Los vidrios de las ventanas estaban polarizados, podía ver lo que ocurría afuera, pero ellos no me veían a mí. Los funcionarios insistían y algunos comenzaron a preguntar casa por casa si me conocían, pero nadie sabía quién era yo, él me había mantenido encerrada. Ni siquiera pudieron escuchar los gritos. Mi recurso en ese momento fue uno muy valorado para mí, orar. Comencé a recordar todo lo que don Gilberto me había enseñado.

Le pedía a D-s que, si ese era mi destino, me diera la fortaleza para afrontarlo, aquello era demasiado para mi hijo y para mi mamá. Justo en ese momento él quitó su pie de la puerta y salí. Ahora estaba en medio de la policía y Siquem. Pero él me abrazó y me apuntó por la espalda. Los funcionarios me preguntaron si yo estaba bien, contesté que sí, aunque cerraba los ojos para enviar otras señales. Rogaba que me entendieran y que algún policía que no fuera amigo de él hiciera algo a mi favor.

De pronto, de un carro bajó un señor trigueño, de contextura mediana y cabello muy corto, casi rapado. Sus ojos eran pequeños y el marco de sus gafas era negro. Caminaba con fuerza y cuando habló pude notar un diente de oro. Se detuvo frente a la reja y supe que la llave no estaba pasada. Corrí hacia él, llevé mis manos a la reja y empuñé los barrotes, y le dije que estaba bien, pero miraba hacia arriba dejando mis ojos en blanco. Este hombre me tomó las manos, me dijo con certeza que todo estaría bien, que no me preocupara.

En ese momento él me inyectó coraje y empujé la reja, la abrí, salí corriendo y lo abracé. Solo escuché cuando le dijeron que estaba detenido por secuestro, luego me desmayé. Su hermana dijo que era imposible que abusara de mí sexualmente porque era su esposa y aquello era una mentira, agregó que era obvio que los cuchillos con los que él me amenazaba tuvieran sus huellas, porque era su casa.

Ellos utilizaron abogados de todo tipo mientras nosotros estábamos en la calle. El policía que me atendió, alejó a mi mamá para que no habláramos. A ella también la entrevistaron. Este hombre me dijo que no me preocupara porque él no era un funcionario de ellos, sino uno de D-s y que Siquem iría preso. Por momentos no podía hablar, pensaba cómo él era tan cerdo.

Uno de sus hermanos quiso brindar apoyo, era el único que podía atestiguar a mi favor porque sabía cómo eran las cosas. Lamentablemente se quitó del medio, tuvo que escoger entre su familia y yo, no quiso ir en contra de su gente y eso lo entiendo. Cuando salimos de allí, un señor llamado Javier Serna nos ayudó con alojamiento, comida que él mismo preparaba y transporte para las audiencias.

Además, nos distrajo llevándonos a un pueblo a disipar la mente y ver otras cosas, él fue quien nos trasladó al aeropuerto. Hasta el final se comportó a la altura de un caballero. Después de tantos trámites, el policía dijo que ya podíamos regresar a nuestro país porque ya no habría más interrogatorios. Me dio su tarjeta y me dijo estas palabras: «Paisita, tenga buen viaje, yo no soy de los que vendo la verdad y ando por debajo de la justicia». Mi mamá, sin duda, es mi ángel protector, pero él es mi héroe. Hasta el día de hoy tenemos contacto, no saben cuánto lo aprecio.

DE NUEVO EN CALI

Cuando finalmente volví a Cali, esperaba ver a mi hermano, pero solo salió Alex. aún tenía secuelas de los golpes, entre las que contaba traumatismos cráneo encefálicos, trastornos gástricos y muchas otras. Llamé a Carlos Alberto para que el niño se quedara con él, mientras me recuperaba, mi hijo se fue muy contento, eso me tranquilizaba.

Solo tenía 50 000 pesos, pero también unos aretes de esmeralda. Estaba muy traumatizada, venían muchos pensamientos a mi cabeza y no podía dormir bien, me decía constantemente que debía continuar adelante. Mi abuelo fue a orar conmigo y en ese momento entró el señor Wilson Perea y me dijo que tenía dos opciones, uno, pararme de la cama y, dos, seguir adelante.

Cerca de la casa vivía una muchacha que era enfermera y quería que me colocara un suero porque tenía molestias gástricas debido a los traumatismos. Ya mi hermano había vuelto y le pedí que me lo comprara, pero se fue con el dinero y no volvió. Cuando finalmente regresó, me dijo que lo habían robado, sabía que simplemente se había llevado mi dinero. Solo podía tomar avena o cosas líquidas.

En esos días supe que estaba embarazada, no pensaba tener un bebé producto de una violación, fui a fiscalía y expuse el caso. Era un bebé no deseado ni planificado, a diferencia de mi primogénito. Comencé a odiarme a mí misma.

Pedí que me hicieran un legrado uterino, una experiencia muy fuerte. El procedimiento es duro, solo pude tomar un acetaminofén, y pareciera que quieren que estés completamente consciente de lo que están haciendo. Luego me dieron a tomar una infusión de canela, me pusieron una bolsa de agua caliente en el vientre y me dieron el alta. El acto es tan humillante como el procedimiento.

Tenía un celular y me decía que si algún cliente me llamaba, fuese de cartas u otro trabajo, podría pararme de nuevo. Lamentablemente, mi hermano se lo llevó. Le suplicaba que me devolviera la *sim card* para poder recuperar el número. Mi mamá lo defendía, pero no había otra persona que pudiera haberlo hecho. Le pedí que me lo devolviera, pues no tenía más nada. Pero fue en vano.

Fui a buscar avena para tomar y la mamá de su hijo, que estaba en la casa, embarazada, se la había tomado toda. Reclamé que respetaran mis avenas, pues era lo único que mi cuerpo toleraba, que estaba bien si tomaban una, pero no todo el paquete, no era justo. Mi hermano comenzó a decirme que estaba humillando a su hijo antes de nacer y mi mamá, como de costumbre, se puso de su lado. De nuevo le insistí en que me devolviera mi teléfono. Le suplicaba que me dejara surgir y que si quería, podría seguir tomando mis cosas, no era justo que viera mi situación y no se compadeciera en lo más mínimo.

Me sentía agotada del mismo dolor que me causa querer tanto a mi hermano, a mi mamá. Ella insistía en que la esperanza es lo último que se pierde y que su hijo tomaría el buen camino. Ella insistía en luchar por él, yo, por el contrario, ya me sentía sin batería para ello. Si uno saca agua de un río, puede buscarle muchas funciones, pero si usted trata de cambiarle la ruta al río, primero se hunde y se ahoga usted, sin embargo, el río sigue campante, como si nada, sin remordimientos, aunque lo haya matado a usted. Esa es su naturaleza, debemos saber hasta qué punto se puede ayudar a las personas y en qué momento soltarlas porque nuestra paz interior debe primar.

Tenemos que llegar al punto de entender que ese río tiene una sola ruta y sigue para adelante, sin importar que usted lo cuide, le limpie la basura que dejan otros o lo embellezca, él solo sigue su ruta y uno solo tiene dos opciones, aprender a nadar lo suficiente para no ahogarse, o salirse y evitarlo. Porque por más que aprendamos a nadar, un río es un río y en cualquier momento se sale de su caudal. Los desbordes ocurren en un segundo y genera gran desastre.

Le decía a mi mamá que hablara con él para que me entregara el teléfono, pero ella también estaba llena de cosas en su mente. Un día, él vino a casa y volví a pedirle que me llevara adonde había entregado mi teléfono, que yo pagaba, pero que necesitaba mi *sim card.* Él dijo que no lo haría, porque no se había llevado nada. Llena de dolor por todo lo vivido, por sentirme sin nada de donde agarrarme y todo lo que conllevaba sobrellevar el peso de mis experiencias, le dije que a partir de ese momento él estaba muerto para mí. Él apretó los labios y movió la cabeza, era una señal de dolor por su parte. En medio de todo, siempre era yo la que corría para él, ahora sentía que estaba solo.

UN VIAJE A MEDELLÍN

Entré a las redes con el objetivo de encontrar a mi sobrina y, para ello, debía ubicar a mi tía Rosalba. Todos los días me conectaba por horas buscando personas y escribiendo mensajes a los que tuvieran mi apellido paterno, hasta que un día una prima me contestó que ella sí era mi familiar. No la conocía, pero me puso en contacto con mi tía y conseguí algo de dinero.

Entonces decidí irme a Medellín, a casa de mi tía Rosalba. Allí conocí a mi hermana paterna, y luego mi tía me llevó hasta donde la mamá de mi sobrina. Estando allí, me dijo que esperara, pues iría por la niña. Cuando la vi caminar hacia mí, vi a mi hermano en versión niña. Era idéntica a él. Me abrazó y le dije: «Hola, *Abrahama*. Estás preciosa, mi princesa mágica».

Luego de aquel encuentro, llamé a mi mamá y le dejé saber que debía ir a Medellín a conocer su nieta. Viajó, en compañía de su marido, a conocerla. Nos llevamos a la niña para Cali, allí la trasladamos a la fundación donde estaba mi hermano. Conoció a su hija, él estaba perplejo mirándola y ella no podía creer que estaba siendo mimada por su padre. Mi mamá empezó a enfermarse, pero todos los exámenes salían bien. Pero claro, ella también ha de tener daños emocionales graves sin pastear.

Me reencontré con Angela y me mudé a un apartamento con ella. Mi hermano había vuelto a una fundación, pero su lado débil siempre era mi mamá. Si sabía que estaba enferma, corría a su lado. Mi mamá seguía teniendo dolores de cabeza impresionantes, pero los resultados seguían siendo negativos. Un día nos dijeron que los aneurismas estaban activos y decidieron dejarla ingresada.

Pedí que nadie le dijera a mi hermano que mi mamá estaba hospitalizada, para que de esta manera siguiera su tratamiento. De hecho, mi mamá estaba más tranquila al saber que él estaba internado. Pero la mamá del hijo de mi hermano le avisó y él salió. Estábamos afuera del hospital en una cafetería, Angela, Alex y yo, a un lado estaba ella con el bebé y de pronto apareció mi hermano. Pregunté que quién le había informado y me dijeron que había sido ella.

Mi hermano, al ver que yo estaba con Angela, me pidió ayuda de todo tipo: para trabajar, para volver con ella, para que lo recibiera en el apartamento, etc. Pero Angela no deseaba volver con él, estaba muy herida. Aun así, él me pedía que lo ayudara y yo estaba parada en mi límite. Me trató mal, muy mal, y traté de relajarme. Mamá salió del hospital y mi hermano no se quiso regresar a la fundación. En algún momento se quedó a la deriva y de nuevo estaba en la calle.

Mi hijo aún estaba con Carlos Alberto. Si bien velaba por él, en realidad estaba ausente, repetía el patrón de mi madre. Aunque esto resultaba muy difícil para mí. Le decía a Carlos Alberto que si me pasaba algo, por favor, se quedara con mi hijo. De hecho, consideraba que mi hijo estaba mejor con ellos que conmigo.

Aunque cada jueves iba a bailar a la viejoteca y me reservaban la mesa, ese día no pedí cita para que me arreglaran el cabello y las uñas, no fui a bailar, sino que visité a mi mamá y me quedé en el estudio escuchando baladas en el computador. Como no había ido, Bladimir López, un amigo cercano, me llamó y me preguntó si no iría, le dije que no, entonces mencionó que pasaría por mí al salir para ir a comer alas rellenas, algo que siempre hacíamos cuando salíamos a bailar. En efecto, llegó por mí. Entonces mi mamá me dijo que pusiera llave y se las tirara. Me despedí y me fui casi las 3:00 a. m.

Al llegar, nos pusimos a hablar hasta tarde, incluso amaneció. Alrededor de las 5:00 a. m., sentimos un sonido, volteamos al mismo tiempo, pues ambos lo habíamos escuchado. Nos preguntamos qué habría sido y volvimos a sentarnos. En ese momento recibí una llamada de parte de mi primo Kike, me saludó y me dijo que si había ido a bailar o que si no había llegado todavía, le aclaré que no había salido y me dijo que llamara a mi mamá porque aparentemente mi hermano estaba en el hospital. De inmediato salí para la casa, encontré a mi mamá y me dijo que habían llamado para decir que mi hermano estaba en el hospital, pero que ella sabía que estaba muerto. Me pidió que fuera y que por favor no le ocultara la verdad.

UN ADIÓS DE LÁGRIMAS INTERIORES

Fui al hospital y pregunté por él con su nombre y sus alias. Pero no estaba registrado en ninguna parte. Finalmente lo supe, estaba en la morgue. Fui hasta el lugar y lo describí físicamente con detalle, me aseguraron que allí estaba un hombre de características caucásicas y rubio. Me preguntaron si quería entrar y dije que sí.

Caminamos con Alex y le tomé la mano fuerte, me preguntó si era capaz y le dije que sí, solo estaba tomando fuerza para lo que fuera. Tuve la penosa labor de reconocer su cadáver. Cuando levantaron la sábana, estaba frente a los restos mortales de mi hermano. Salí de allí y llamé a Luis Miguel, le conté lo sucedido.

Pero aún no sabía cómo decirle a mi mamá aquello. La llamé y me dijo que estaba acompañada por varias personas, entre ellas, una doctora amiga de la familia. Le pedí que la pasará, cuando la escuché, le rogué que no dejara sola a mi mamá porque efectivamente mi hermano estaba muerto.

Cuando mi mamá volvió a la llamada, le confirmé que sí se trataba de él y estaba muerto. Le dije que me ocuparía de las exequias. Escogí su ataúd, la ropa y pedí que le recortaran un poco la barba. Él había hablado siempre de lo que deseaba para su funeral y seguí sus instrucciones. Hubo palomas blancas, flores de cartucho y también había pedido que le pusieran su cobija, solo eso no lo cumplí, me quedé con ella. No pude llorar a mi hermano porque mi mamá, en medio de su dolor, me dijo que recordara que ya para mí estaba muerto.

Quizás privó el poder de las palabras, solo sé que me sentía miserable. Aunque siempre lo protegí, cuidé y escondí de todos, no logré hacerlo de mí. Probablemente, con mis palabras, lo había condenado. Recorrí las calles de Cali sola en el carro que llevaba el cuerpo de mi hermano, tanto desde la morgue a la funeraria como de la funeraria al cementerio.

Él tenía muchos sueños y metas por cumplir y no es un secreto que mi hermano se fue amando y anhelando casarse con Angela Arias, ella era la dueña de sus sentimientos, de su corazón, y ella también lo amaba. No sabía cómo decirle. Mi teléfono no paraba de sonar, entró una llamada inusual, era mi papá biológico, él no hablaba mucho, solo lloraba y yo no me atrevía a colgar su llamada. Me quedé en silencio permitiendo y respetando su momento.

Le expliqué que apenas iba en el carro para la funeraria y él me pidió que le contestara sus llamadas, que le avisara de todo y así lo hice. Mi teléfono estuvo todo el tiempo abierto. Él entonaba oraciones católicas y rosarios. Lloraba muchísimo, podía sentir sus emociones y quizás eso me hizo respetarlo y permitirle su lugar. Le dije que me cansaba tener el teléfono en las manos, pero que buscaría la forma. Así que me lo amarré en el hombro derecho y así podía escuchar si él hablaba.

Ya en la funeraria me dijeron que tardaban 4 horas en tenerlo listo para la sala donde sería velado. Entonces decidí irme a casa a bañarme y a ver a mi mamá. Llegué a casa y quise irme a llorar a la última pieza, pero cuando iba a entrar, vi que allí estaba la mamá del hijo de mi hermano, así que me senté en el andén. Luego me bañé y dije que era hora de irnos.

Cuando llegamos, todavía no estaba en sala. Me acerqué y pregunté, entonces me dijeron que faltaba poco. Básicamente, en ese momento, me tocó entregarle a mi mamá a su hijo en un ataúd. Hubo un momento en el que salí corriendo, presa de la desesperación, hacia la carretera. Mi tía Fabi me alcanzó y me agarró, luego me abrazó y me dijo palabras para calmarme.

El día de su entierro, estábamos en la iglesia, pero mi hermano y yo no profesamos la fe católica. Cargué su ataúd tanto en la salida de la funeraria como en la entrada a la iglesia del cementerio. Bladimir López iba a mi lado, no se me despegaba, mi tía y Angela también estaban a mi lado. Su ataúd, para entrar en esa iglesia, se tornó muy pesado y se balanceaba, no quería entrar. Bladimir lo notó y le dije se me va a caer de tanto que se mueve, entonces me dijo que lo soltara, di un paso adelante y él tomó mi lugar. Finalmente, lo hicimos, me senté adelante y de pronto entró Vicente Calderón, me levanté corriendo a abrazarlo y lloramos. No sé por cuánto tiempo se prolongó ese abrazo silencioso, pero sí recuerdo que la misa duró muy poco tiempo.

Luego caminamos hasta donde finalmente reposaría su cuerpo. Me acerqué mordiendo mis labios, apretando la cobija, tragando grueso. Mi mamá, al ver esto, se me acercó y me gritó delante de todos que yo no tenía por qué llorar, me prohibió ponerme así y me mandó a levantar. Yo la miré y le respondí: «Sí, señora». Vi que su marido la sostenía. Bladimir, mi tía Fabi y Angela me sostuvieron y me ayudaron a estar de pie.

Entonces solté las palomas que nunca se alejaron de nuestro lado. La gente empezó a salir y luego todo fue confuso. Allí se produjo una balacera. Asesinaron a cinco personas de la misma familia, al lado de nosotros. Solo recuerdo el sonido de las balas, la sensación de alguien tirándome del cabello para llevarme debajo de un carro y protegerme. Pude ver cómo fueron asesinadas esas personas, luego cerraron un portón y mucha gente se había metido allí.

Mi hijo estaba muy bien resguardado en el local del frente, lo tenía Daniel, el hermano de Fernando, quien había llegado a acompañarme. Logramos salir como pudimos. Todo transcurrió en cámara lenta. Mi hermano siempre decía que cuando él muriera iba a ver bala y mi mamá le respondía que ella no iba a permitir a ninguno de sus amigos estar en el funeral, y así lo hizo, pero se produjo por otro lado.

Al llegar a la casa, mi mamá no hablaba. A estas alturas, creo que mi mamá aún no ha llorado por él, no sé si lo ha hecho en su privacidad. Ese día comimos en medio de un gran reinado del silencio. Esa noche me fui a la casa de Bladimir, me recosté y vi a mi hermano, se sentó en la cama, me tocó tres veces la rodilla y me dijo: «No tienes nada de qué mortificarte, tú eres buena hermana, buena hija, y yo voy a estar contigo siempre. Te amo mucho, hermana». Me desperté asustada y pude ver una sombra que traspasaba la pared. Bladimir también vio esa sombra y me confirmó que traspasó la pared.

Mi abuelo se puso mal, lo llevé al hospital y me dijo que el día que contara mi historia, sería porque iba a publicar el libro, no antes. También me recalcó: «Uno no habla del pasado en el presente que quiere a futuro. Ya te pasó una vez, ten la intuición para saber cuándo puedes hablar de esto, ten cuidado al escoger a quien abres tu vida cuando involucres el corazón, porque no todos se quedan». Y me dio un anillo de oro en forma de correa.

A los pocos días murió mi abuelo, el Grande, debido a un cáncer de garganta. Pude verlo en el hospital, me apretó la mano, de él pude despedirme de algún modo. Todo esto me hizo reflexionar sobre mi vida, no podía seguir así, era hora de enderezar mi camino. «D-s es bueno», le dije a mi madre, «te ama tanto que primero te quitó a tu hijo y después a tu padre, si hubiese sido al contrario creo que ya te estuviéramos velando, porque no creo que soportaras esto». Mi mamá amaba a su padre y tenía problemas con mi abuela por demostrar tanto amor hacia él, en realidad, mi abuela tenía un problema por ello.

En medio de su dolor mi mamá dijo que quería reunir a la familia y hacer un asado. Entonces conseguí tres cantantes, uno de baladas, otro de música popular y uno de vallenato. Don Carlos Londoño me ayudó con esto. Mi mamá cantó a todo pulmón toda la noche y así liberó sus emociones. Creo que a todos nos sirvió.

Mi mamá me dijo que regresara a la casa. Creo que en ese momento ella quería tener bajo su techo a sus tres hijos, como una manera de protección que le hiciera sentir seguridad, debido al episodio que estábamos viviendo. Mi prima Carolina me ayudó a llevar mis cosas a la casa de mi mamá.

Pasado esto, mi mamá puso en la cama las pertenencias de mi hermano, me dijo que tomara lo que quisiera conservar y con el resto podía hacer lo conveniente. Vi su Biblia y la tomé, llevaba años tratando de obtener una y, finalmente, me la heredó él. También dos chaquetas, una negra y una blanca. Todo lo demás se lo di a Jefferson, mi primo.

No habían pasado aún quince días, cuando una noche llamó mi papá biológico al teléfono fijo de la casa. Dijo que ya había hablado con un abogado y que la muerte de mi hermano debía ser cobrada. Casi me meto a través de ese teléfono. Aquel día sí le dije unas cuantas cosas y le colgué.

Le dije a mi mamá que mi hermano ya se había muerto y que si ese señor llamaba, no me lo pasara, no tenía nada que hablar con él. De hecho, no volví a tener comunicación alguna con él.

EL PSIQUIÁTRICO

Mi tío Oscar llegaba sagradamente todos los días, a las 6:00 p. m. en su triciclo de chococonos, con aguardiente. No quería hablar con nadie, él solo se acercaba, me brindaba un trago y volvía con mi mamá. Me sentaba a escuchar baladas.

Un día me senté en las gradas del andén cuando llegó un hombre, de baja estatura y se me presentó, dijo que era amigo de mi hermano y que una vez le dejó saber que él prefería morir antes que volver atrás. Además, le pidió que si en algún momento decaía, por favor, le disparara porque no deseaba volver a hacer daño, se había refugiado en D-s. En ese momento mi mente estaba confusa, pero atesoré su rostro, sus palabras y su nombre.

A los pocos días de haber muerto Abraham, comencé a notar comportamientos extraños por parte de mi hermanito Juan. Para ese momento tenía trece años. Él se encerraba durante horas en su habitación. Además, lo veía entrar y salir del barrio que se encontraba al frente. A ese lugar solo van quienes venden o consumen. De nuevo, comenzaron a perderse cosas, entre ellas, mi dinero y mi celular.

Le dije a mi mamá que si mi hermano no estaba, ¿por qué seguían desapareciendo las cosas? Que me avisaran si había dejado reemplazo. Además, le advertí que estaba entrando a ese barrio y le expliqué su naturaleza. Su respuesta fue darme golpes y decirme que me fuera de la casa. Le respondí que me iría, pero que observara sus actitudes y sus ojos, y le confesé que yo había consumido drogas en el pasado y estaba segura de que Juan, mi hermanito, estaba consumiendo. Decirle eso se tradujo en intentar apagar un incendio con gasolina.

Bladimir me escribía mensajes de texto para saber cómo estaba, un día me llamó por teléfono y me invitó a comer alas rellenas, luego de eso fuimos a su casa. Estando allí comencé a sentirme mal, él se asustó y me llevó al hospital. En realidad, no tenía nada físico, se trataba de un ataque de pánico, ahora lo sé, pero, a partir de ese momento, comencé a sentir este tipo de sensaciones, iba al hospital y no tenía nada. Doña Esperanza, la mamá de Bladimir, me dijo que me quedara allí.

Se había convertido en un círculo vicioso. No quería hablar, mi ánimo estaba muy abatido. Un día, en el hospital, un médico me puso unas gotas en la nariz que me provocaron un ardor increíble. La idea era que yo dejara de ir para lo mismo. No mentía con mis síntomas, en Colombia la salud mental no es relevante, además no sabía tampoco qué me estaba pasando, solo sabía que, de repente, sentía taquicardia, me ahogaba porque no podía respirar y luego ya estaba desmayada.

Reflexioné un poco y decidí que quería estudiar. Mi mamá se puso muy feliz y me dijo que ella me apoyaba, que me pagaría los estudios. Presenté una prueba de admisión y aprobé. Comencé a estudiar, pero los desmayos continuaron. Cuando se acercaba un año del fallecimiento de mi hermano, duré una semana sin poder dormir bien. Escuchaba la risa de él cuando jugábamos en Marroquín siendo niños.

Un día tomé una pastilla que me habían recetado para descansar, pero no fue efectiva y estuve despierta toda la noche, escuchando el tic tac del reloj, esa noche parecía interminable. De un momento a otro, me vi en el hospital. Me atendieron y uno de los doctores se acercó y me preguntó si había ocurrido un suceso importante en mi vida. Le dije que sí, entonces volvió a preguntar, esta vez que si había muerto alguien importante, de nuevo contesté que sí y presenció una crisis de ansiedad. Luego de eso, me enviaron a un psiquiátrico.

Existen momentos en los que todo pesa y la balanza se inclina hacia el lado contrario. Mis actos me estaban pasando factura. Pensar en un psiquiátrico resulta denigrante, nadie está interesado en ayudarte realmente, sino en dormirte y sacarte de la realidad. Son momentos en los que pasas a ser una cifra para las empresas farmacéuticas. La realidad es que allí a nadie le interesa ayudarte a llevar lo que estás sintiendo. Finalmente, salí de allí. A ese mismo centro ingresó mi hermanito Juan, estuvimos juntos en aquel lugar.

Mi siguiente paso sería retomar los estudios, ya que mi grupo estaba cursando el tercer ciclo, donde se hacen prácticas hospitalarias. Me dijeron que no estaba apta para atender pacientes porque yo era uno de ellos y no pude continuar. Entonces comencé a pensar que estaba haciendo las cosas bien, pero de igual forma resultaban mal.

EPÍLOGO

Aprender no es prepararse para la vida. Aprender es la vida misma.
JOHN DEWEY

Ahora que miro en retrospectiva, soy capaz de reconocer mi parte, de ser responsable conmigo misma y entender que los actos tienen consecuencias. Considero que para sanar es necesario ver nuestra historia con ojos de amor. Aunque no seas creyente, hay algo que habita en cada uno de nosotros, una luz. Es nuestra decisión saber qué hacer con ella, pues en nuestras manos está apagarla o avivarla.

A partir de allí, tomamos nuestras propias decisiones, aunque debo decir que, de forma inconsciente, nos dejamos llevar por el momento y nos decimos que luego pagaremos el precio. Pero las deudas se acumulan y al llegar ese momento en el que la vida nos pasa factura, en realidad, no sabemos cómo saldar, ya hay cúmulos de intereses. Es por ello que puedo decir que es muy valioso el hecho de poder reconocer que hicimos algo bien o no.

Cada uno de nosotros es único y tiene su propia historia, mi deseo es que todos podamos podar nuestra vida y despejarla de maleza, y comenzar a decir: «Mamá, realmente te necesité». Mamá agradezco que me dieras de comer, pero deseo que me alimentes con caricias. Anhelo que nuestra comunicación sea efectiva y podamos decir las cosas en el momento preciso, sustituyendo los silencios.

Por otro lado, debemos comprender que no podremos aceptar el amor de los demás, si no somos capaces de amarnos a nosotros mismos. Es posible que dejemos pasar a la persona adecuada simplemente por no estar consciente de todo esto.

Considero que era necesario atravesar este nudo para llegar a la experiencia que otorga sabiduría. Aunque tuve que atravesar por tantas vivencias, de cada una obtuve un aprendizaje.

Amarnos a nosotros mismos resulta imperativo para poder dar amor a otros y recibirlo del mismo modo. Esto también implica alimentarse bien, meditar, no cruzar los límites, al final todo exceso es perjudicial, incluyendo el amor. ¿Por qué digo esto? Porque a veces damos demasiado y no es correspondido de la misma forma, esto incide en nuestra autoestima de forma negativa. Con esto me refiero a todos los tipos de amor.

Estoy convencida de que D-s sabía lo que había dentro de mí, mis ansias por cambiar el rumbo y tener un espacio para mi hijo. Sin embargo, también sé que tenía cuentas por pagar. El Eterno, aunque todo lo puede, decidió que tendría mi lugar, pero el resto correría por mi cuenta. Era mi deber sanar, amarme, aprender a amar y a recibir amor. Aprender a desaprender y luchar por volver a empezar. He pagado un precio muy alto, por eso, en mis oraciones, le doy gracias a D-s por guardar mi vida y le pido que me libre de mí misma. Amén. Porque me ha costado mucho permanecer de pie y he sido responsable de todo, he decidido mis aciertos y desaciertos.

La depresión es real y se está llevando más vidas que las balas, porque para poder resolver tu historia tienes que ir a la raíz y soportar silencios. En realidad, la única presencia que necesitas sentir es la tuya, no la de la gente, pero nadie está preparado para confrontarse, nadie quiere sentarse en la silla del reconocimiento, es más fácil asignar nuestras responsabilidades a los demás y así lo único que hacemos es dilatar un dolor que no lleva a nada. No soy víctima de nada, soy responsable de todo.

Somos los padres perfectos para los hijos ajenos, y somos buenos colocando en tela de juicio a nuestros padres, sin chequearnos.

Y allí estaba yo, sentada en la silla, reconociendo mis decisiones y asumiendo consecuencias, cual preso que confiesa todo para que le rebajen su pena. Estaba lista para escuchar al juez y asumir mi condena, pero eso te lo contaré luego, en el próximo libro.

Hasta la próxima temporada…
Gracias por leerme.
Viviana Jiménez

Made in the USA
Middletown, DE
28 September 2022

11410884R00116